Viktor Hahn
Klemens Jockwig

Was auf uns zukommt

# Offene Gemeinde

Band 14

Herausgegeben vom Institut der Orden
für missionarische Seelsorge
und Spiritualität, Frankfurt/Main

# Was auf uns zukommt

Ansprachen zu
den Letzten Dingen

Herausgegeben von
Viktor Hahn
Klemens Jockwig

Mit Beiträgen von
Winfried Daut
Albert Fries
Viktor Hahn
Klemens Jockwig
Peter Lippert
Heinz Joachim Müller

Lahn-Verlag Limburg

© 1971 Lahn-Verlag Limburg · Imprimatur: Limburg an der Lahn, am 29. 7. 1971, Dr. Höhle, Generalvikar · Imprimi potest: Köln, am 10. Juli 1971, Aloys Christ CSsR, Provinzial · Umschlaggestaltung: Christoph Albrecht, Schmidham · Gesamtherstellung: Pallottinerdruck, Missionsanstalt der Pallottiner GmbH, Limburg an der Lahn · Abdruck, auch auszugsweise, nur mit Genehmigung des Verlages.
ISBN 3 7840 1015 6

# Inhaltsübersicht

*Viktor Hahn, Klemens Jockwig*
Zur Einführung . . . . . . . . . . . . . . 7

*Viktor Hahn*
**DIE LETZTEN DINGE IN GLAUBE
UND VERKÜNDIGUNG** . . . . . . . . . . . . 9

1. Brennpunkte der Theologie . . . . . . . . 10
2. Spiegel der Situation . . . . . . . . . . 13
3. Artikulierter Glaube . . . . . . . . . . . 15
4. Notwendige Übersetzung . . . . . . . . . 17
5. Hermeneutische Richtschnur . . . . . . . 18
6. Schwerpunkte der Auslegung . . . . . . . 20
7. Ansätze der Verkündigung . . . . . . . . 22

*Albert Fries*
**DIE LETZTEN DINGE** . . . . . . . . . . . 27

**Was auf uns zukommt** . . . . . . . . . . 27
1. Offene Sehnsucht . . . . . . . . . . . . 27
2. Verheißene Erfüllung . . . . . . . . . . 32

*Klemens Jockwig*
**TOD** . . . . . . . . . . . . . . . . . . 39

**Wie wir sterben** . . . . . . . . . . . . 39
1. Das Schweigen vor dem Tod . . . . . . . 39
2. Was ist der Tod? . . . . . . . . . . . . 41
3. Tod als Folge der Sünde . . . . . . . . . 42

4. Die Antwort Gottes . . . . . . . . . . . . . . 43
5. Der Tod als gültige und endgültige Entscheidung . . . 44
6. Die Frage nach der Zukunft . . . . . . . . . 45

*Heinz Joachim Müller*

## GERICHT . . . . . . . . . . . . . . . . . . . 49

**Wonach wir gerichtet werden** . . . . . . . . . . 49
1. Gericht über die Welt . . . . . . . . . . . 50
2. Gericht über das Leben . . . . . . . . . . . 52
3. Wachsamkeit . . . . . . . . . . . . . . . 55

*Winfried Daut*

## HIMMEL – HÖLLE . . . . . . . . . . . . . 59

**Was endgültig sein wird** . . . . . . . . . . . . 59
1. Frage und Antwort . . . . . . . . . . . . . 59
2. Himmel ist das, was dem Menschen geschenkt wird . . 62
3. Hölle ist das, was der Mensch sich selbst bereitet . . 64
4. Das Entscheidende . . . . . . . . . . . . . 67

*Viktor Hahn*

## HERRSCHAFT GOTTES . . . . . . . . . . . 71

**Gott alles in allem** . . . . . . . . . . . . . . 71
1. Das Aufbrechen menschlicher Begrenzung . . . . . 72
2. Das gute Ende . . . . . . . . . . . . . . . 74
3. Gott alles in allem . . . . . . . . . . . . . 76

*Peter Lippert*

## HOFFNUNG . . . . . . . . . . . . . . . . 81

**Worauf wir hoffen** . . . . . . . . . . . . . . 81
1. Hoffnung ist schwer geworden . . . . . . . . 82
2. Mutlosigkeit, Ausflucht und blinder Heroismus . . . 84
3. Glauben und Hoffen . . . . . . . . . . . . 86

Die Autoren . . . . . . . . . . . . . . . . . . 90

## Zur Einführung

Die hier veröffentlichten Predigten wurden in der vorösterlichen Zeit des Jahres 1971 in der Kirche der Ordenshochschule der Redemptoristen in Hennef — Geistingen gehalten. Sie stehen in der Tradition der Fastenpredigten und versuchen, theologische Information und eigentliche Verkündigung zu verbinden, um so in gleicher Weise Verstehenshilfe und Anstoß zum Glauben zu sein.
Im Suchen nach einem einheitlichen Thema, welches sowohl die geistige Bewegung unserer Zeit als auch unaufgebbar christliches Erbe sichtbar machen konnte, stießen wir auf die Wirklichkeit der »Letzten Dinge«, die wie wenig anderes sowohl lächerliches Mißverstehen und lähmende Furcht bewirken, als auch glaubenden Impuls für ein zukunftsoffenes Leben bedeuten können.
Wenn wir diese wenigen Predigten hier vorlegen, dann wieder in der Hoffnung, damit eine Anregung zu geben, sich auch jenen Fragen zuzuwenden, denen wir gerne ausweichen, auch wenn unser Reden notgedrungen mehr ein Stottern denn glänzender Aufruf wird. Sie wollen dem einen oder anderen eine persönliche Hilfe sein und darüber hinaus zeigen, daß man gemeinsam glauben und

predigen kann, auch wenn wir nicht in allem den gleichen Ton treffen.

Die Predigten wurden für den Druck nur geringfügig überarbeitet, Anmerkungen und Hinweise dem Ermessen des einzelnen Verfassers überlassen. Wegen der Schwierigkeit des Problemkreises der Letzten Dinge und der geringen Zahl der Predigten schicken wir ihnen grundlegende Erwägungen als Hinführung voraus.

Hennef — Geistingen, im Juli 1971

Viktor Hahn
Klemens Jockwig

Viktor Hahn        Die Letzten Dinge in Glaube und Verkündigung

Wenn hier unter der Überschrift »Was auf uns zukommt« sechs Ansprachen über die »Letzten Dinge« vorgelegt werden, mag die geringe Zahl der Predigten wie auch ihre Thematik zunächst überraschen. Die Zahl ist jedoch bedingt durch die Absicht, in Fortführung alter Tradition eine auf die vorösterliche Zeit begrenzte und damit überschaubare Unterweisung anzubieten; die Thematik hingegen ist bestimmt durch die deshalb notwendig gewordene Auswahl, die einerseits konkrete Verstehenshilfe bieten, anderseits eine existentielle Glaubensbereitschaft und Zukunftsbezogenheit wecken soll. So wollen die Predigten über Tod, Gericht und Himmel — Hölle vor allem einer Verstehenshilfe dienen, während die einleitende Predigt eine Hinführung zum Thema bringt und die beiden Predigten über das Reich Gottes und über die Hoffnung grundsätzliche Haltungen zu vermitteln suchen. Daß es sich bei dieser Unterscheidung von Verstehenshilfe und Grundhaltungen nicht um einander ausschließende Gegensätze handelt, sondern um Schwerpunkte, die einander nie entraten können, versteht sich von selbst.

Die Problematik der Auswahl macht es notwendig, zumindest nützlich und sinnvoll, den Predigten einiges Grundsätzliche über »Die Letzten Dinge in Glaube und Verkündigung« voranzuschicken, um über die angebotenen Predigten hinaus der eschatologischen Verkündigung Impuls und Richtung zu geben. Diese grundsätzlichen Überlegungen sollen den Problemkreis der Eschatologie etwas ins Licht rücken und so der Verkündigung zugänglich machen; sie versuchen somit das gleiche, was auch die Predigten wollen, Information und Aufforderung zum Glauben miteinander zu verbinden, was dann für den Prediger die Konsequenz mit sich bringt, diesen Glauben auch anderen weiterzugeben.

## 1. Brennpunkt der Theologie

Die Eschatologie, oder die Theologie von dem, »was auf uns zukommt«, stellt einen Brennpunkt der Theologie überhaupt dar, ja sie ist ihre eigentliche Mitte. Schien sie lange Zeit hindurch bloße Belehrung zu sein über das, was nach dem Tod des einzelnen und nach dem Ende der Welt geschehen wird[1], und wurde sie so durch den Hinweis auf Lohn und Strafe vielleicht oft genug zur billigen Vertröstung auf das Jenseits oder zum willkommenen Drohmittel der Bekehrungspredigt[2], so fand sie in der

---

1 Ein Blick in den DEHARBE'schen Katechismus, der seit der Mitte des vorigen Jahrhunderts die religiöse Unterweisung in Deutschland geprägt hat, zeigt dies sofort.
2 Daß dies in der volkstümlichen Verkündigung vorkam, anderseits auch im vergangenen Jahrhundert durch pastorale Erwägungen in vernünftige Bahnen gelenkt wurde, zeigt z. B. K. JOCKWIG, Die Volksmission der Redemptoristen in Bayern von 1843 bis 1873, in: Beiträge zur Geschichte des Bistums Regensburg, Bd. I, Regensburg 1967, 41—408, bes. 346—361.

neueren Theologiegeschichte zu der explosiven Kraft zurück, die sie besessen, als Jesus mit der Verkündigung der gekommenen Endzeit seine Predigt begann: »Die Zeit ist erfüllt, und die Herrschaft Gottes ist nahe herbeigekommen; kehrt um und glaubt an die Frohbotschaft« (Mk 1,15).

Wenngleich die marxistische Religionskritik gerade an der Jenseitsauffassung des christlichen Glaubens angesetzt und bewußt die Aufgaben der weltlichen Geschichte in den Vordergrund gerückt hatte[3], wenngleich am Beginn der eigentlich kritischen Exegese die eschatologische Botschaft Jesu zum Erweis seines Irrtums und damit seines bloßen Menschseins herangezogen wurde[4], so setzte sich die Einsicht vom eschatologischen Zentrum der Predigt Jesu dennoch in der Theologie allmählich durch[5]. Dabei wurde dieser endzeitlichen Verkündigung Jesu verschiedene Bedeutung zugemessen: angefangen von der schon vermerkten »konsequenten« Eschatologie, nach welcher sich Jesus hinsichtlich der bevorstehenden Endzeit einfach geirrt habe[6], über die Ansicht der »totalen« Eschatologie, nach welcher von diesem eschatologischen

---

[3] Der berühmt gewordene Satz des jungen Marx, daß die Religion das »Opium des Volkes« sei, markiert die seit Feuerbach laut gewordene Kritik.
[4] Vgl. dazu die bahnbrechende Untersuchung von A. SCHWEITZER, Geschichte der Leben-Jesu-Forschung, Tübingen 1906.
[5] Vgl. als dafür kennzeichnend und zusammenfassend R. SCHNACKENBURG, Gottes Herrschaft und Reich[2], Freiburg 1961.
[6] Eine Meinung, die im Bereich der katholisch-modernistischen Theologie zu dem bekannten Wort von A. LOISY führte: »Jesus hat das Reich Gottes verkündet, und gekommen ist die Kirche.«

Kern her die ganze Verkündigung Jesu eschatologisch zu interpretieren sei[7], bis hin zur heute weithin verbreiteten Meinung der »realisierten« Eschatologie, nach welcher die eschatologischen Aussagen der Rede Jesu nur mythologische Bilder für das mit seiner Botschaft längst eingetretene Neue wären und somit den Menschen existentiell zur Glaubensantwort forderten[8].

Wie so oft ist in den genannten Extremen Richtiges gesehen, aber in falscher Weise betont: So erkennt die konsequente Eschatologie richtig den historischen Ansatz der Predigt Jesu, der die Zeit erfüllt und die Herrschaft Gottes nahe sieht; sie verkennt jedoch, daß die freie Partnerschaft zwischen Gott und Mensch Raum hat für eine Entwicklung, nach welcher Jesus in der Ablehnung seiner Botschaft durch die Juden »Gehorsam lernt« (vgl. Hbr 5,8) gegenüber dem sich in der veränderten Situation offenbarenden Willen des Vaters, was ihn in den Tod gehen und Vorsorge für das Weitergehen seiner Botschaft treffen läßt[9]. So sieht anderseits die realisierte Eschatologie richtig, daß die Zukunft, von der Jesus spricht, in ihm bereits begonnen hat[10] und daß ein bloßes Zukunftswissen nichts nützt, wenn der Mensch nicht existentiell, das heißt heute schon in seinem Leben dadurch betroffen wird; sie übersieht aber die Tatsache, daß nur reale Wirk-

---

7 Hierfür ist bezeichnend die dogmatische Position von K. BARTH und E. BRUNNER; vgl. O. BETZ, Die Eschatologie in der Glaubensunterweisung, Würzburg 1965, 22.
8 Zu dieser Überzeugung von C. H. DODD, R. BULTMANN und E. STAUFFER vgl. O. Betz, a. O. 23—27.
9 Vgl. dazu die interessanten Ausführungen von E. PETERSON, Die Kirche, in: Ders., Theologische Traktate, München 1951, 409—429.
10 Dies ist vor allem deutlich gesagt bei Johannes; vgl. z. B. 3,18; 12,31.

lichkeit mich wirklich betreffen kann, daß somit das Wort von einer noch ausstehenden Zukunft Gottes nur dann Impuls für mich ist, wenn es diese Zukunft wirklich gibt, und daß somit das Wort richtig ist: »Eine Kirche, die nichts mehr über das zukünftige Ewige zu lehren hat, hat überhaupt nichts mehr zu lehren, sondern ist bankrott«[11]. Warum diese Erinnerungen? Nun, die Folgen dieser verschiedenen Ansätze und Beobachtungen sind alle in die Theologie von den Letzten Dingen eingegangen.

## 2. Spiegel der Situation

Die Frage nach der eschatologischen Botschaft Jesu berührt das Problem des historischen Jesus, die Frage nach der existentiellen Bedeutung seiner Reden hingegen das der Entmythologisierung. Somit sind die beiden bedeutendsten theologischen Methodenfragen in die Eschatologie eingebracht und machen sie so zum Spiegel der theologischen Situation überhaupt.

Unter dem provozierenden Titel »In der Hölle brennt kein Feuer« wurde in der journalistischen Theologie ein zentrales Thema der Eschatologie zum Modellfall, den Umbruch des Denkens in der Kirche des 20. Jahrhunderts zu kennzeichnen, wobei nicht nur neue Wege für ein mögliches Verstehen der Hölle gesucht werden, sondern in eigentlicher Konsequenz bis zur Bedeutung von Lehre und Lehramt weitergefragt wird[12].

Einige Jahre vorher hatte eine bedeutsame eschatologi-

---

11 E. BRUNNER, Das Ewige als Zukunft und Gegenwart, Zürich 1953, 237; zitiert bei O. BETZ, a. O. 27.
12 Th. und G. SARTORY, In der Hölle brennt kein Feuer, München 1968.

sche Studie als »Theologie der Hoffnung« weite Verbreitung und ein starkes Echo gefunden[13], ähnlich wie das Lebenswerk jenes engagierten Humanisten und Marxisten, dessen »Prinzip Hoffnung« zum Symbol eines, Marxisten und Christen vereinenden, Weges in eine menschliche Welt wurde[14].

So führte die Wiederentdeckung der eschatologischen Botschaft Jesu nicht in eine weltfremde Geistigkeit, sondern zu einer betont vorgetragenen Theologie der Welt, für die nicht nur auf namhafte Theologen[15], sondern auch auf die bedeutende Pastoralkonstitution des Zweiten Vatikanischen Konzils »Über die Kirche in der Welt von heute« zu verweisen ist, die mit den bezeichnenden Worten »Gaudium et spes — Freude und Hoffnung« beginnt[16]. Daß eine solche Entwicklung notwendigerweise in eine ausdrücklich »Politische Theologie«[17] drängt, ist jedem einsichtig.

Dieses Zusammenfließen aller Probleme moderner Theologie, angefangen vom hermeneutischen Problem bis hin zur politischen Theologie, läßt die Bedeutung der Eschatologie erkennen und uns an einige helfende und Orientierung gebende Überlegungen gehen.

---

13 J. MOLTMANN, Theologie der Hoffnung. Untersuchungen zur Begründung und zu den Konsequenzen einer christlichen Eschatologie², München 1965.
14 E. BLOCH, Das Prinzip Hoffnung, 2 Bde., Frankfurt 1959.
15 Vgl. hierzu stellvertretend J. B. METZ, Zur Theologie der Welt, Mainz — München 1968.
16 Vgl. die von namhaften Theologen kommentierte Ausgabe und Übersetzung in: LThK², Das Zweite Vatikanische Konzil III, Freiburg 1968, 241—592.
17 Vgl. H. PEUKERT (Hrsg.), Diskussion zur »Politischen Theologie«. Mit einer Bibliographie zum Thema, Mainz — München 1969; mit Beiträgen bekannter Theologen.

## 3. Artikulierter Glaube

Wenn solche Überlegungen als Hilfe für Glaubensverständnis und Glaubensvollzug versucht werden, dann kann dies nur geschehen in der ausdrücklichen Hinwendung zu jenen Formulierungen, in denen sich das Glaubensbewußtsein der Kirche hinsichtlich dessen, »was auf uns zukommt«, bereits ausgesprochen hat. Glaube und Verkündigung ist ja ein Weitersagen dessen, was uns von Gott zugesagt ist; ein Weitersagen der Botschaft Gottes in Jesus, um welche die Kirche von Anfang an weiß, wenngleich sie erst allmählich unter dem Wirken des Geistes Gottes diese Botschaft und Begegnung verstehen und auszudrücken lernt (vgl. Jo 14,26; 16,13). Dieser Prozeß wird erst dann an ein Ende kommen, wenn die Geschichte der Kirche ihr Ende findet: Sie wird immer neu und tiefer zu sagen lernen, was sie glaubt, und dabei an das längst Gesagte gebunden sein.

Der theologische Traktat über die Letzten Dinge hat das, was auf uns zukommt, systematisch geordnet und dabei zu unterscheiden gelernt zwischen individuellen (das heißt den einzelnen betreffenden) und kollektiven (das heißt die ganze Menschheit und Welt angehenden) Wirklichkeiten und Ereignissen, wobei diese nicht voneinander getrennt werden können, da doch die Weltgeschichte sich aus der Geschichte der einzelnen aufbaut, anderseits für diese erst Rahmen und Raum bietet.

So trifft *jeden Menschen* der TOD nicht nur als biologisches Ende seines Lebens, sondern als Endpunkt eines je neuen und freien Entscheidens; im Tod entscheidet sich der Mensch endgültig für oder gegen jenen umfassenden Sinn und personalen Grund, den wir Gott nennen, und der in Jesus begreifbar wurde. Das BESONDERE GERICHT, das der Mensch selbst vor der erkannten Endgültigkeit

Gottes über sein Leben sprechen mag, bringt sofort nach dem Tod endgültig von Gott geschenktes Glück oder selbstverschuldetes Leid; wobei für den, dessen Vergangenheit bleibenden Wert vor Gott besitzt, ohne jene Selbstlosigkeit erlangt zu haben, die allein vor Gott bestehen kann, das FEGFEUER einen Prozeß der Läuterung schenkt, dessen Vollzug sich unserer Vorstellung entzieht. Dieser Prozeß führt dann in den HIMMEL als das von Gott geschenkte ewige Bei-ihm-Bleiben, dessen negative Seite in der selbstverschuldeten und selbstgesetzten HÖLLE der notwendig bleibenden Ferne von Gott besteht.

Was so auf den einzelnen zukommt, trifft in gewisser Entsprechung auch *Menschheit und Welt als ganze*. Sie finden ihren Tod in der WIEDERKUNFT CHRISTI, die das Ende alles Bestehenden bringt und das in Jesu Tod und Auferstehung Begonnene vollendet. Diese Vollendung umfaßt die ganze Menschheit, die in der AUFERSTEHUNG DER TOTEN in ein Leben findet, welches, verändert und verwandelt, wirklich menschliches Leben bleibt und Leib und Seele, das heißt den ganzen Menschen umfaßt. Über diese Menschheit ergeht das ALLGEMEINE GERICHT, welches eine Ergänzung des je einzelnen und besonderen Gerichtes genannt werden kann, indem es die sozialen und universalgeschichtlichen Zusammenhänge aufdeckt und richtigstellt. Daraufhin schenkt die UMGESTALTUNG DER WELT einen »neuen Himmel und eine neue Erde« (Offb 21,1), worin man die verleiblichte und damit total realisierte Wirklichkeit erkennen kann, die wir oben Himmel nannten.

Dies ist bei aller Vorsicht der Formulierung jene fixierte Lehre, in der die Kirche ihr Glaubensbewußtsein artikuliert hat, und die es festzuhalten gilt[18], bevor dieselbe

---

18 Um diese inhaltlichen Fixpunkte zu gewinnen, genügt ein Blick in ein dogmatisches Handbuch. Eine Kurzfassung

Kirche daran gehen kann, die Inhalte dieser Botschaft Menschen unserer Tage verständlich zu machen und als frohe Botschaft weiterzusagen.

4. *Notwendige Übersetzung*

Daß die genannten Inhalte kirchlichen Glaubens einer Zeit, die vor allem durch mathematisch-naturwissenschaftliches Denken bestimmt ist und eigentlich nur das Nachprüfbare, zumindest nur das Erfahrbare gelten lassen will, neu nahegebracht werden müssen, versteht sich von selbst. Es versteht sich von selbst zumindest für den, der sich nüchtern kontrolliert und schon beim ersten Nachdenken über diese Aussagen feststellt, wie schnell sich ihnen menschliche Vorstellungen verbinden, die einfach nicht in unser Weltbild und unsere Welterfahrung passen und uns verleiten wollen, diese Aussagen als unannehmbar abzulehnen. Solch notwendige Übersetzung wird um so einleuchtender, wenn wir bedenken, wie konkret die Schrift von diesen Letzten Dingen spricht, die — wie wir jetzt schon sagen können — mehr Ereignisse, Vorgänge und Zustände sind als Dinge.

So wird zwar sehr leicht das vom neuen Himmel auf die neue Erde herabsteigende Jerusalem als ein Bild für die Kirche und die Anwesenheit Gottes erkannt werden (vgl. Offb 21), und auch die Aussagen vom himmlischen Mahl

---

des eschatologischen Traktates findet sich bei A. WINKLHOFER, Eschatologie, in: HthG (dtv) 1, 362—371. Auf Belege der einzelnen Glaubensinhalte wurde bewußt verzichtet, zumal selbst die Zitation wenigstens der wichtigsten Schriftaussagen bereits den Rahmen der hier gegebenen Möglichkeiten sprengen würde.

sind schnell als Gleichnis auszumachen (vgl. z. B. Lk 14,15
— 24); anderseits wird aber die himmlische Wirklichkeit
auch wieder sehr nüchtern und damit sehr real als ein
Liegen bei Tisch bezeichnet (vgl. Mt 8,11). Und welche
konkrete Schilderung erfährt das Letzte Gericht (vgl. Mt
25,31—46), die Pein der Höllenglut (vgl. Lk 16,24) und
das Ende der Tage (vgl. Mk 13,24—27 parr; 2 Ptr 3,7.12)!
Hier ist Gottes Wort doch ohne Zweifel eingefaßt in bild-
hafte Rede und Ausdruck weltbildgebundenen Denkens.
Was wir für den Uranfang der Geschichte, wie er in den
ersten Kapiteln der Genesis beschrieben ist, längst anzunehmen gewohnt sind, das gilt doch auch für ihr Ende[19];
und was für die Aussagen der Schrift Geltung hat, erhebt
sich doch auch als Forderung gegenüber dogmatischer
Formulierung[20].

### 5. Hermeneutische Richtschnur

Die Notwendigkeit solcher Übersetzung läßt nach ihren
Grundregeln und Richtlinien fragen. Ohne hier eine Hermeneutik im kleinen geben zu wollen, sei dafür erinnernd
auf die ANALOGIE aller menschlichen Rede über den Bereich der Transzendenz verwiesen. Und das heißt, daß
all unser Reden über die Wirklichkeit Gottes diese in
ihren Begriffen zwar tatsächlich trifft, sich aber mit dieser
Wirklichkeit nur in einem kleinen Sektor deckt, während
die bleibende Unähnlichkeit weitaus größer ist[21]. Diese

---

19 Vgl. dazu R. SCHAEFFLER, Kosmos und Geschichte.
Hermeneutische Überlegungen zur Rede vom »Ende der Welt«,
in: Lebendiges Zeugnis 1971, 62—88, bes. 62ff.
20 Vgl. K. RAHNER, Eschatologie, in: Sacr. Mundi I, 1183—
1192, hier 1188.
21 Zur »maior dissimilitudo« der Analogie vgl. DENZINGER-
SCHÖNMETZER, Ench. Symb., 806.

Unähnlichkeit besteht vor allem darin, daß unser Reden über die Transzendenz die RAUM-ZEIT-DIMENSION verläßt und in seinen Vorstellungen notwendig bildhaft bleibt. Anderseits muß — und auch das ist Folge der Analogie, die ja Übereinstimmung in wesentlichem Punkt bedeutet — unsere Aussage über die transzendenten Wirklichkeiten der Letzten Dinge wirkliche FORTSETZUNG des schon Begonnenen bedeuten, denn nur als solche können sie wirklich auf uns zukommen. Die Entsprechung zwischen bereits geschenktem Heil in Christus und noch ausstehender Vollendung ist die unaufgebbare Voraussetzung eschatologischen Redens. Und das heißt, daß ewiges Leben, Himmel und Hölle, Gericht und was immer an Aussagen im Reden Jesu und in der Botschaft der Kirche vorliegt, genauso wirklich sein müssen wie Tod und Auferstehung Jesu, die uns Heil gebracht haben; wobei die genannte Auferstehung Jesu selbst wieder deutlich macht, wie sehr diese Wirklichkeiten irdische Geschichte sprengen und doch in sie hineinragen[22].

Wenn so die Mitte gesucht werden muß zwischen Ablehnung der Sache in bloß existentieller Interpretation und Verfälschung der Sache durch wörtliches Mißverständnis der angewandten Bilder, dann kann man als hermeneutische Grundregel bestimmen: »Aussageinhalt umfaßt alles das (aber auch nicht mehr), was als Vollendung und Endgültigkeit desjenigen christlichen Daseins verstanden werden kann, das als jetzt gegeben die Offenbarung aussagt«[23].

Unter Anwendung dieser Grundregel haben wir uns nun Rechenschaft zu geben über die Wirklichkeiten, die wir

---

22  Vgl. J. RATZINGER, Einführung in das Christentum, München 1968, 249—257.
23  K. RAHNER, a. O. 1189.

so als Grundaussagen und Schwerpunkte der eschatologischen Botschaft bezeichnen müssen.

*6. Schwerpunkte der Auslegung*

Wenn die frohe Botschaft über die Letzten Dinge unter dem Grundsatz der Entsprechung von Ende und Beginn ausgelegt wird, dann ergeben sich folgerichtig bestimmte Schwerpunkte.
Als ersten Schwerpunkt erkennen wir die GESCHICHTE. Einerlei welche der genannten dogmatischen Fixierungen in Frage steht, angefangen vom Tod des einzelnen bis hin zur Neuschaffung der Welt, immer meint sie Geschichte. So wirklich wie in Jesus sich Geschichte ereignete, so wirklich wird bei Tod, Gericht, Himmel, Hölle und so weiter etwas geschehen. Dabei hat diese Geschichte einen doppelten Aspekt: sie ist einerseits Teil der menschlichen Geschichte, weil eben uns geschehend, und somit abzutragen auf der Geraden, auf der sich unsere Geschichte und die Geschichte von Menschheit und Welt ereignen; das heißt, daß all das, was auf uns zukommt, einmal geschehen wird. Anderseits gehört all dies in den Bereich der Transzendenz, durchbricht also den raum-zeitlichen Bereich und wird so zur Meta-Geschichte; das aber bedeutet, daß unsere Vorstellung von Geschichte nicht mehr stimmt und somit das, was unter der einen Rücksicht später einmal sein wird, unter einer anderen Rücksicht gleichzeitig ist. So werden wir etwa von der Auferstehung der Menschen sagen dürfen, daß sie einmal am Ende geschehen wird, anderseits sich sofort mit dem Tod vollzieht.
Bereits ein erstes Mal genannt ist der zweite Aspekt der ausstehenden Vollendung. Sie ist nicht nur Geschichte,

sie ist auch ZUKUNFT. Vollendung wird sich einmal ereignen, für den einzelnen sowohl, als auch für die Allgemeinheit. Die Vollendung ist noch nicht da, sie kommt noch, und das gibt Ausrichtung nach vorne; als begonnene ist sie jedoch bereits anfänglich verwirklicht, und das gibt Gewißheit. Tod, Gericht, Himmel und Hölle, Auferstehung und neue Schöpfung werden einmal sein, weil dies alles bereits begonnen hat.

Damit ist dann ein dritter Aspekt der Vollendung und Schwerpunkt eschatologischer Rede genannt: Diese Vollendung ist LEBEN. Die Wirklichkeit, die für uns Menschen Geschichte und Zukunft ausmacht und ermöglicht, ist das Leben. Und so werden Tod, Gericht, Himmel, Hölle, Auferstehung, und was immer noch zu nennen wäre, Ereignisse und Wirklichkeiten sein in meinem Leben, in welchem ich mich durchgehalten weiß, weil ich von Gott durchgehalten werde. Mag dieses Leben wieder analog, das heißt kaum vergleichbar sein mit dem Leben, das ich hier erfahre, es wird Leben sein, ein Bleiben nicht nur in den Folgen meiner Taten und in der Erinnerung der Menschen, sondern eben Bleiben in der Erinnerung Gottes, die so stark ist, daß sie wirklich lebendig erhält; ein Bleiben, dem nichts genommen ist von dem, was uns zu dem macht, was wir sind.

Wenn dieses Leben Leben in Vollendung ist, dann wird an ihm ein weiterer Gesichtspunkt eschatologischer Wirklichkeit deutlich, die ENDGÜLTIGKEIT. Wenn unser Leben Vollendung erfährt durch Gott, dann ist es endgültig in jenem doppelten Verständnis als Ende und als Gültigkeit. Die in der menschlichen Geschichte immer neu mögliche Entscheidung ist zu Ende im Tod des einzelnen und im Tod der Welt, wodurch dann die jeweils letzte Entscheidung bleibende Geltung erfährt. Sie wird offenbar im Gericht, das bei positiver Entscheidung in das bleibend geschenkte Glück, bei negativem Spruch in die selbstgesetzte Ferne von Gott führt; Endgültigkeit bei Gott oder in der Ferne von ihm; Endgültigkeit, die einmal alles umfassen wird — Himmel und Erde.

Damit ist der letzte Aspekt genannt: GOTT. Daß es diese Geschichte und diese Zukunft gibt, daß es dieses Leben geben wird und diese Endgültigkeit, das hängt an Gott. Er ist das eigentliche Geheimnis, er ist der Eigentliche, vor dem alle bleibenden Fragen zu Fragen zweiter und dritter Ordnung werden. Auch wenn wir all das nicht begreifen, was da letztlich gemeint ist, wenn wir sagen Tod, Gericht, Himmel, Hölle, Läuterung, Auferstehung und neue Welt, es gibt IHN, der sich erfahren ließ in Jesus Christus; und wenn es ihn als die alles bergende Liebe und die alles tragende Kraft gibt, dann ist in ihm all das möglich, was wir von ihm her in der Erfahrung der Kirche zu sagen gelernt haben: Tod, Gericht, Himmel, Hölle, Läuterung, Auferstehung und Leben.

## 7. Ansätze der Verkündigung

Zielten die Schwerpunkte der Auslegung auf die eigentlichen Inhalte eschatologischer Predigt, so soll am Ende einiges vermerkt sein über die Ansatzpunkte, die solche Verkündigung beim Hörer aufsuchen muß, damit sie ihm als frohe Botschaft deutlich wird.

Dabei wird der erste Ansatz in der Erfahrung menschlicher GRENZE liegen. Sie eint alle Menschen und gibt erst jene Vorwärtsrichtung, die Ausschau halten läßt nach einer Erfüllung, ob sie möglich sei und wo sie vielleicht angeboten werde. Diese Grenze zu erkennen und richtig zu bestimmen, sie durch alle menschliche Verschleierungstaktik hindurch sichtbar zu machen, ist die Aufgabe eschatologischer Verkündigung. Dabei wird die menschliche Grenze in der immer wieder und überall feststellbaren menschlichen Halbheit, die nach Absicherung und Ergänzung schreit, genau so deutlich genannt und aufgedeckt werden müssen wie die eigentliche und existentiell härteste Grenzerfahrung in Schuld und Tod[24].

Die Erkenntnis des Fehlenden läßt den Menschen sich der Zukunft zuwenden. Solche Hinwendung auf das Ausstehende erhält aber dann erst ihren vollen Sinn, wenn auf den in Jesus bereits gesetzten Anfang verwiesen wird. Erst dadurch wird aus einer vagen Ausrichtung auf eine mögliche Ergänzung HOFFNUNG, die das noch Fehlende wirklich kommen sieht, weil es bereits hereinzubrechen begonnen hat. Hoffnung wird so der zweite Ansatz sein, von dem her im Hörer die Inhalte der eschatologischen Heilszusage verstanden werden und Aufnahme finden. Erst die Hoffnung läßt das Gewicht dieser Botschaft in dem zugesicherten Daß erkennen und nicht immer wieder nach dem genauen Wie fragen. Erst die Hoffnung läßt erkennen, daß es dabei nicht um eine genaue Auskunft über die Art und Weise, sondern um die zugesicherte Ankunft erwarteten Glücks geht.

Ein dritter Ansatz rechten Verstehens eschatologischer Heilspredigt ist die EINORDNUNG INS GANZE. So sehr eschatologische Verkündigung als einseitige Lohn- und Strafpredigt einem falsch verstandenen Individualismus das Wort reden kann, so eindeutig zielt das recht verstandene Reden über das, was auf uns zukommt, auf das Ganze. Christlicher Glaube an die Letzten Dinge

---

24 Zur Bedeutung der Grenzerfahrung vgl. B. WELTE, Heilsverständnis. Philosophische Untersuchung einiger Voraussetzungen zum Verständnis des Christentums, Freiburg 1966.

macht zunächst jenen Individualismus unmöglich, der einfach das eigene Wohl in dieser Welt im Auge hat, weil dieser Glaube davon überzeugt ist, daß die Grundhaltung menschlichen Lebens bleiben wird, bleiben als Himmel oder als Hölle, als vollendetes Glück oder als Schmerz ohne Ende. Christlicher Glaube an das, was noch aussteht, macht aber auch jenen Heilsindividualismus untragbar, der sich mit dem eigenen Himmel zufrieden gibt, weil dieser Glaube davon überzeugt ist, daß Tod, Gericht, Himmel und Hölle, daß Gottes Herrschaft und Reich Wirklichkeiten sind, die uns alle als die eine Menschheit betreffen. Hier muß die heute so betonte soziale Dimension von Glaube und Verkündigung zur Geltung kommen, die den Menschen zur wirklichen Freiheit und Liebe ruft.

Endlich mag als Ansatz eschatologischer Predigt die Wirklichkeit der SPANNUNG genannt sein, die das bisher Gesagte umfaßt. Auf den Herrn warten, auf das hinblicken, was auf uns zukommt, das ist spannend; es bedeutet jene zutiefst menschliche Anspannung, die aus der erfahrenen Grenze das Heil sucht, es aus dem bereits geschenkten Anfang heraus wirklich erhofft und in ihm neues Leben für die ganze Menschheit und Welt erwartet. Solche Spannung zwischen noch nicht erreichtem Ziel und bereits gesetztem Beginn, solche Entfaltung aus Samen hin zur Frucht, solche schrittweise Selbstverwirklichung aus vorgegebener Kraft nennen wir Leben. Und an dieser Spannung, die uns aus dem erwächst, was schon geschenkt ist und was noch aussteht, an dieser Spannung entscheidet es sich, ob wir wirklich leben oder bloß vegetieren, ob wir in bleibend geistiger Jugend »schreiten von Kraft zu Kraft« (Ps 84,8) oder alternd von der Vergangenheit träumen.

Daß diese Selbstverwirklichung aus geschenkter Kraft auf

Endgültigkeit hin geht, läßt am Ende noch den Ernst solchen Lebens aufscheinen und VERANTWORTUNG als die geforderte Grundhaltung ansprechen, mit welcher der Mensch glaubend auf das eschatologische Heilsangebot reagieren muß.

Wenn wir so nachdenkend den großen Bogen gegangen sind von der gerade heute empfundenen Problematik eschatologischer Rede über die damit gegebene Notwendigkeit theologischer Hermeneutik hin zu den Schwerpunkten und Ansätzen einer eschatologischen Verkündigung, die heute so sehr in der Mitte der christlichen Botschaft steht wie zur Zeit Jesu, dann kann in diesem glaubenden Nachdenken wirklicher Anstoß liegen, mit neuer Einsicht und notwendiger Eindringlichkeit von dem zu reden, »was auf uns zukommt«.

Albert Fries            Die Letzten Dinge

**Was auf uns zukommt**

*1. Offene Sehnsucht*

Der Tod und was danach kommt. Solange es Menschen gibt, wollen sie dahinterkommen; der wißbegierige Verstand und das geängstigte Herz. Das Problem des Todes ist sozusagen das Problem des Lebens. Und so läßt sich zum Beispiel die ägyptische Religion auf den Kult der Toten zurückführen, wenn nicht auf den Kult des Todes. Heute noch mehr als früher leben wir im Bann der Zukunft. Die Hoffnung ist es, die nach der Zukunft ausschaut, und die Angst im menschlichen Dasein hat der Philosophie den Blick geschärft für das elementare Phänomen der Hoffnung. Ein weiteres tut die Krisensituation der Gegenwart. In der jetzigen Periode der Menschheitsgeschichte läßt sich die Zukunft so verheißungsvoll an im Blick auf Einheit, Entwicklung und Wohlstand, ist aber gleichzeitig bedroht von Terrorakten, Umweltgefahren, Vernichtungswaffen. Da gewinnt der Begriff der

Hoffnung eine ungeheure Aktualität. Im Marxismus ist das Rechnen mit der Zukunft die große Triebkraft. »Spero ergo ero — Ich habe Hoffnung, darum habe ich Zukunft« (Ernst Bloch). Überall also die Frage nach der Zukunft, im Grunde die Frage nach den Letzten Dingen. Der Nachdruck, den die Bibel auf die Letzten Dinge legt, ist klar. Das ganze Alte Testament ist ein Buch der Verheißungen und der Hoffnung, ist jenen Ereignissen gewidmet, die noch nicht gekommen, die aber im Kommen sind. Diese Geschehnisse, die mit Jesus einsetzen, gibt das Neue Testament als die Letzten Dinge aus. Jesus kündigt die kommende Zeit an, ja die Endzeit, und sein eigenes Kommen in Herrlichkeit. Dafür fordert er in Gleichnissen ununterbrochene Wachsamkeit und Bereitschaft. Das ist Nachweis genug, daß seine Botschaft wesentlich auf die Letzten Dinge hingeht. Auch die Apostel leben nicht nur in der Vergangenheit, in Jesu Erdenleben und Erlösungswerk. In seinem Tod und seiner Auferstehung hat sich die Verheißung zwar erfüllt, aber diese Erfüllung ist auch noch im Gange und am Kommen. Darum sind die Apostel erst recht auf die Zukunft ausgerichtet, auf den Abschluß der Erlösung, auf die Vollendung der Welt. Deshalb schauen sie in Sehnsucht und Zuversicht, in geduldiger Ungeduld und Wachsamkeit aus nach dem Kommen des Herrn in Herrlichkeit. Ihre Hoffnung ist Der, der da ist, der war und der kommt, Gott selbst in Jesus Christus (vgl. Offb 1,8). Diese Haltung der Hoffnung und der Gewißheit durchzieht das ganze Neue Testament, und sie beruht auf Tod und Auferstehung Jesu Christi. Deshalb sprechen wir im Glaubensbekenntnis: »Ich erwarte die Auferstehung der Toten und das Leben der zukünftigen Welt.«

Am Aschermittwoch sind wir in die Zeit der Buße und Umkehr eingetreten. Sie erreicht ihren Höhepunkt in der

Feier des Leidens, Sterbens und Auferstehens Jesu Christi. Da paßt es sicher gut, daß wir miteinander die Letzten Dinge bedenken, die uns ja erschlossen sind in Kreuz und Auferstehung unseres Herrn. So sollen wir uns in der christlichen Grundhaltung der Hoffnung erneuern und bestärken lassen durch den Heiligen Geist. Versuchen wir am Anfang einen Einstieg in dieses Thema der Letzten Dinge, einen Aufschluß des Ganzen.

*»Nicht nur von Brot ...«*

Da gibt es eine philosophische Bewegung, die das menschliche Dasein ohne die Letzten Dinge zu rechtfertigen sucht. Man bleibt allein beim Menschen stehen und in dieser Welt. Da gibt es natürlich keine Vergebung und keine Verklärung, nichts über das Grab hinaus, kein Leben und kein Glück. Deshalb heißt es dann: Der Mensch ist »ein nutzloses Leiden« (Jean Paul Sartre). Das stimmt dann wahrhaftig, dann hat das ganze Leben keinen Sinn. Die einzig stichhaltige Rechtfertigung für das menschliche Leben ist und bleibt nun einmal die Auferstehung. Sonst sind wir der Sinnlosigkeit, Hoffnungslosigkeit, Vergänglichkeit rettungslos ausgeliefert. Nur das Unendliche, nur der Unendliche kann dem Endlichen des Menschenlebens seinen Sinn geben. Nicht nur von Brot lebt der Mensch.
Wir müssen aber noch weiter fragen. Wenn man sich den Menschen so isoliert denkt und auf sich allein gestellt, ist er dann noch wirklich Mensch? Die Größe des Menschen besteht doch darin, daß sich in ihm das Endliche und Unendliche treffen. Der Mensch, wie er gebaut ist, ist für das Unendliche da (Blaise Pascal). Darum kann ihn das Endliche, das Begrenzte, das Vergängliche niemals

ganz ausfüllen. Der Mensch ist das von Gott gerufene Wesen; ein Wesen, das selber Gott denken kann und darum offen ist für das Unendliche. Offen für das Du und angewiesen auf das Du, auf das menschliche Du und letzten Endes auf das unbegreifliche Du Gottes. Wieviel Bücher unserer Tage, in denen die Verzweiflung federführend ist, zeigen zur Genüge, daß der Mensch in seinen Entscheidungen Gott nicht ungestraft, nicht ohne Schaden übergehen kann. Wer aber glaubt, der steht mit Gott im Gespräch, und das ist Leben, und das überdauert den Tod. Wer glaubt, bekommt die Antwort auf die Frage: »Wofür bin ich da?« Wie der Katechismus sagt: »Um ewig bei Gott zu leben«, und zwar so, wie wir hier sind, mit Leib und Seele, nur ganz verklärt. Wer glaubt, der erhält auch einmal die volle Antwort auf die Frage: »Wer bin ich?« Dann nämlich, wenn der Mensch endgültig zu Gott und damit zu sich selber kommt, weiß er, wer er ist. Dann hat er endlich und endgültig seine Identität gefunden, die er zeitlebens suchen muß und sucht.

Auch das »rote Paradies« ist für den großen Abend versprochen. Es soll in dieser Welt liegen, wie sie ist. Aber auch dieses soll nach dem Sieg des Kommunismus in gewissem Sinne nicht mehr irdisch, nicht mehr häßlich sein: eine bessere Welt, ein Reich, wo es keine Klassenunterschiede mehr gibt, sondern nur noch Freiheit, Gleichheit und Brüderlichkeit. Eine Welt, in der es sich gut leben läßt und wo es keinerlei Entfremdung, keinen Egoismus und kein Privateigentum mehr gibt. Dieses kommunistische Bild der zukünftigen Welt ist im Grunde die säkularisierte christliche Botschaft. Sein Urheber hat sich ja bekanntlich immer wieder der Worte und der Gleichnisse der Bibel bedient. Abgesehen davon, ob sich dieses Paradies der Brüderlichkeit überhaupt verwirklichen läßt, und ob diese unsere Welt, so wie sie ist, durch Menschenwerk je einmal heil werden kann; abgesehen auch davon, daß wir Christen von den echten Vertretern des Kommunismus eine ganze Menge lernen können an Einsatzbereitschaft und Verantwortung füreinander, an tätiger Nächstenliebe, an Verzicht und Opfergeist, bleibt doch zu fragen: Ist der Mensch dann, wenn einmal auf unserem Planeten jede Familie ihr Auto, ihren Kühlschrank und ihre Waschmaschine hat, ist er dann wirklich das, was er sein soll und sein will? Kann Konsum ihn ausfüllen? Macht Konsum ihn menschlicher? »Nicht nur von Brot lebt der Mensch.« Wenn er auch alles hat, was er braucht, er weiß doch, daß Lebensmittel, Genußmittel, Rauschmittel nicht seinen ganzen Hunger in der Tiefe stillen können. Er weiß, daß er ruhig seine Vernunft einschläfern, betäuben oder berauschen kann; das hindert ihn nicht daran, vom Unendlichen zu träumen, von dem ganz großen und reinen Glück, das einfach Ewigkeit will. Er weiß, er kann es im Leben noch so weit bringen, das Menschliche, das Nur-Menschliche befriedigt ihn nie ganz. Er hat das Unendliche genauso nötig wie das Endliche. Den Himmel braucht er wie die Erde. Er spürt es unweigerlich, der Tod darf nicht der Tod sein. Es gibt noch etwas anderes.

Gerade der Tod aber bleibt auch im roten Paradies am Werk, und das heißt zuletzt doch Hoffnungslosigkeit, so wie er sich auch auf der anderen Seite, wo man zwar keinen Materialismus lehrt, aber vielfach lebt, nicht mattsetzen läßt. Bekannt ist das Experiment eines amerikanischen Millionärs, der an Krebs gestorben ist. Man konnte lesen, daß dieser Mann sich nicht begraben oder einäschern ließ. Er hatte verfügt, man solle ihn tiefgefroren aufbewahren, vielleicht habe die Medizin in fünfzig Jahren ein sicheres Mittel gegen Krebs; dann solle man ihn wieder auftauen und behandeln. Ja und? Wenn dieser auf Eis gelegte Mensch wieder zum Leben käme, wäre er dann unsterblich? Nach einiger Zeit würde er doch sterben, dann aber endgültig, wenn auch nicht an Krebs, dann vielleicht an einem kleinen Unfall. Der Tod vergißt keinen, er ist die demokratischste Einrichtung der Welt. Natürlich dürfen wir uns über ein langes und glückliches Leben hier freuen, wenn es Gott uns schenkt, und wenn es gelingt. Aber das Letzte und Höchste ist es nicht. Mit dem Tod läuft es todsicher aus.

»Nicht nur von Brot lebt der Mensch, sondern von jedem Wort, das aus dem Munde Gottes kommt« (Mt 4,4 = Deut 8,3), und das heißt nach unseren Überlegungen am Anfang: von der Verheißung Gottes, auf die wir uns verlassen können; von der Hoffnung auf die wunderbare Zukunft, die der Auferstandene uns erschlossen hat; von dem Leben und Glück in aller Fülle und in aller Dauer, das Gott mit allen vorhat, die ihn suchen und lieben.

## 2. Verheißene Erfüllung

Was auf uns zukommt, das sind die Letzten Dinge. Nicht nur von Brot lebt der Mensch; nicht nur von dieser Welt und ihren Dingen; nicht nur von diesem vergänglichen Leben, dem der Tod unweigerlich ein Ende setzt. Darüber haben wir bereits miteinander nachgedacht. Was auf uns zukommt, das ist die wunderbare Zukunft, die der Herr uns erschlossen hat in seiner Auferstehung; das ist das Leben der Auferstehung für den ganzen Menschen und seine Welt.
Über eines müssen wir uns jedoch klar sein. Wenn von den Letzten Dingen die Rede ist, dann dürfen nicht Neugierde und Phantasie das große Wort führen. Was stel-

len manche Menschen komische Fragen, wenn es sich um die Auferstehung von den Toten handelt. Wie sie vor sich geht — und sie ereignet sich ja erst nach dem Ende der Zeit — wissen wir nicht. Das Jenseits der Zeit, diese Dimension ist uns unbekannt. Worauf wir uns stützen und verlassen, das ist nicht unsere engbegrenzte Vorstellung oder eine blühende Phantasie; das ist die Botschaft Jesu, der weder sich noch uns täuschen kann. Und er hat diese Botschaft der Kirche übertragen, der von ihm selbst gesicherten Botschafterin, die ihrerseits dieses Wort getreu überliefert. Ihr zuverlässiges Gedächtnis für die Verheißung Jesu ist ja der Heilige Geist, die lebendige Überlieferung, die Garantie für die Treue der Kirche als Braut zu ihrem Bräutigam Christus. Und diese Kirche ist sich dankbar und froh bewußt, daß in ihr die ganze Menschheit vom Tode befreit werden und am göttlichem Mahl, dem Inbegriff der Erfüllung, teilnehmen kann. Albert der Große sagt von den Letzten Dingen mehr als einmal, daß wir darüber erst dann etwas sagen können, wenn wir es erleben; er sagt aber auch einmal: Von der Tatsache der künftigen Auferstehung der Toten bin ich mehr überzeugt als davon, daß morgen früh die Sonne aufgeht.

Nicht nur von Brot lebt der Mensch, sondern von jedem Wort, das aus dem Munde Gottes kommt, und das heißt: von der Verheißung Gottes. Sie eröffnet uns ganz neue Möglichkeiten, und sie lautet im ältesten und kürzesten Glaubensbekenntnis: »Herr ist Jesus« (Röm 10,9).

## »Herr ist Jesus«

Dies bedeutet zuerst und eigentlich: Jesus ist unser Heil. Damit aber haben wir die volle Antwort auf die Frage, was auf uns zukommt. Wir sagten zuerst: die Letzten

Dinge, aber das war eine vorläufige Antwort. Die Letzten Dinge sind eben gar keine Dinge, keine kalten Sachen; es sind Ereignisse, persönliche Vorgänge zwischen Christus und uns, angefangen von Tod und Gericht, bis wir immerdar beim Herrn sind; es sind Begegnungen von Person zu Person, die über Ewigkeit und Seligkeit entscheiden.

Wir erwarten also nicht etwas, sondern Ihn, den Herrn selbst. Er kommt wieder; er ist der Kommende, er ist am Kommen, wie die Schrift sagt. Ihn selber erwarten wir, und zwar in Herrlichkeit, das heißt: in Offenheit und Klarheit vor aller Welt. Dann werden wir nicht mehr nur glauben, dann schauen wir ihn als den Herrn und wissen endlich, was das heißt: Söhne und Töchter Gottes. Dann ist der Pilgerweg des Glaubens zu Ende, und die Hoffnung wird Erfüllung.

An dieser Stelle müssen wir etwas richtigstellen. Was erwarten denn so manche Christen tatsächlich? So etwas wie ein Paradies, einen Ort der Wonne, wo wir uns wiedersehen. Gut und schön. Das ist echt-menschlich gedacht, aber auch nur-menschlich. Verheißen ist uns doch unendlich viel mehr. Wir erwarten den Herrn selber. Wir erwarten Gott, der in Jesus Christus kommt. So unbegrenzt erwartungsvoll darf unsere Hoffnung und Heilsgewißheit sein. Nach Gottes ewigem Plan sind wir Menschen in das Geheimnis Christi, in das Geheimnis der Liebe, hineingenommen; und in diesem Geheimnis, in diesem großen Ganzen hat Gott jedem Menschen einen Platz und eine Aufgabe und eine Lebensgeschichte und eine selige Ewigkeit zubestimmt. Darum denken wir nicht zuerst an uns selber, sondern an Christus und an Gott. Es geht zuerst um deren Verherrlichung, und in ihr liegt unsere eigene Vollendung. Ihn also erwarten wir und in Ihm den Abschluß unserer Erlösung und die Rettung und Verwandlung der Welt; den Triumph der Liebe Gottes über Tod und Teufel, die der Herr in Tod und Auferstehung schon entmachtet hat. Wir erwarten die liebende Herrschaft Gottes, die wunderbare Zukunft, die Gott mit seinem Volk vorhat, mit welchem er den neuen und ewigen Bund geschlossen hat zugunsten der ganzen Menschheit und Schöpfung. Wir erwarten die Welt Gottes mit der vollständigen Gerechtigkeit und der vollkommenen Liebe; eine Welt, die wir Menschen aus eigener Kraft nicht bewirken, nicht einmal planen und ausdenken können.

Wir erwarten also Ihn selber. Aber dann und deshalb wird uns alles übrige hinzugegeben: die Auferstehung und das Leben; das heißt: der volle Ostersieg; das Wiedersehen und das unzertrennliche Zusammensein in der Gemeinschaft der Seligen; das göttliche Jetzt und Heute, das kein Morgen und schon gar kein Ende kennt. Eine Erfüllung ohne Maß, wie wir sie nicht einmal ahnen können. Dann wird Gott alles in allem sein, und wir werden alle sein in dem, der alles ist. Das ist, über ein möglichst erfülltes Erdenleben hinaus, unsere höchste Bestimmung. Und der Grund dafür heißt: »Herr ist Jesus«. Er ist unser Heil. Das wurde er in Tod und Auferstehung für uns, weil er als der Unbesiegte lebt; beim Vater ist, das heißt: in der endgültigen Verklärung. In Ihm ist einer von uns, der Mensch war wie wir, schon am Ziel. Wie ein Bergführer nicht allein auf dem Gipfel ankommen will, so zieht Christus uns nach. Er will ja, daß die Seinen dort sind, wo er selber ist (vgl. Jo 12,26). Er ist der Anfang einer neuen Menschheit mit wirklich unbegrenzten Möglichkeiten. Die Welt der Auferstehung ist schon im Stadium der Ausführung. Er ist der Herr der ganzen Schöpfung, und so wird auch unsere gute Erde und das ganze Weltall nicht nur heil gemacht, sondern neu gemacht als würdige Heimat der Verklärten.

Der Herr kommt wieder. Er selber ist es, der auf uns zukommt. Wirklich keine Drohbotschaft, sondern eine Frohbotschaft, von der allein sich leben läßt. Sie gibt unserem Leben und allem und jedem einen Sinn, einen letzten Sinn, an dem nicht einmal der Tod etwas zu ändern vermag. Unsere Hoffnung im Leben und im Sterben, beim Heimgang unserer Verwandten und Freunde, unsere Hoffnung ist Der, der da ist und der war und der kommt (vgl. Offb 1,8). Mitten im Leben sind wir vom Tod umfangen. Es gilt aber auch: Mitten im Tod sind wir vom Leben umfangen.

Das Datum, wann der Herr kommt, weiß niemand. Aber sein Erscheinen in Herrlichkeit liegt nicht in weiter Ferne. Sein Kommen erwartet die Bibel von unserem Hier und Heute. Entweder erwarten wir den Herrn jetzt und heute, oder unser Erwarten ist nicht echt. Denn mit dem Herrn ist die Ewigkeit schon in die Zeit hereingekommen. Seit seiner Auferstehung verläuft die Weltgeschichte auf einer ganz anderen Ebene als vorher. Wir leben in der von der Ewigkeit ergriffenen Zeit, leben in der in die Zeit hereinragenden Ewigkeit. Der Christ hat mit seinem Hoffen schon Anker geworfen an den Ufern der Ewigkeit.

Und dann, jeden Augenblick begegnet uns der Herr. Er steht vor der Tür und klopft an (vgl. Offb 3,20). Er begegnet uns und ruft uns an in den Ereignissen und Anforderungen des Tages, eines jeden Tages. Er begegnet uns in den Mitmenschen, mit denen wir zusammenkommen. Er begegnet uns im Gottesdienst in seinem Wort und Sakrament, damit wir den anderen als unseren Brüdern begegnen.

Und endlich, jeder von uns erlebt das Kommen des Herrn, die alles entscheidende Begegnung mit ihm, ganz persönlich in der Stunde des Sterbens. Dann stehen wir im Gericht. Das Gericht aber bedeutet für die Glaubenden und

Glaubenswilligen: immerdar beim Herrn sein und miteinander leben in der unerschöpflichen Freude des Herrn.

Der Herr ist also immer schon am Kommen. Er sucht uns ständig auf. Sein Wunsch und Wille ist ja, daß wir »das Leben haben, Leben im Überfluß« (Jo 10,10). Nur müssen wir ihn suchen, ihm entgegengehen mit den Schritten der Liebe zu ihm und zueinander. In ihm haben wir die Auferstehung und das Leben. Daran müssen wir denken und es bedenken, damit unser ganzes Leben eine Vorbereitung ist auf die endgültige Begegnung mit ihm. Dann und dort findet unser Leben seinen bleibenden Höhepunkt, wo alles Dunkel und alles Trennende fällt. Dann sagen wir ihm ein in jeder Beziehung unendlich beglückendes: Du.[1]

---

[1] Die Predigt ist so konzipiert, daß sie an zwei aufeinanderfolgenden Sonntagen gehalten werden könnte, weshalb hier an den Beginn des zweiten Abschnittes eine nochmalige kurze Einleitung gesetzt ist.
Als Literatur wurde benutzt: J. RATZINGER, Einführung in das Christentum, München 1968; M. und L. Becqué, Die Auferstehung des Fleisches, Aschaffenburg 1962 = Der Christ in der Welt V/10; E. SCHMITT, Die frohe Botschaft von Tod und Auferstehung, München 1967.

Klemens Jockwig                                     Tod

**Wie wir sterben**

Wie wir sterben? — Aber müssen wir denn in jeder Situation und zu jedem Geschehen etwas sagen? Gibt es nicht Ereignisse, denen man, wenn überhaupt, so nur im Schweigen gerecht wird? Und gehört nicht gerade der Tod und das Sterben zu jenen Geschehnissen, denen man schweigend begegnen sollte?

*1. Das Schweigen vor dem Tod*

Es gibt ein zweifaches Schweigen dem Tod gegenüber: einmal das trotzige, verbitterte und verzweifelte Schweigen der Ohnmacht vor dem Tod und sodann das befreiende, tröstende, hoffnungsvolle Schweigen des Glaubens vor dem Tod.
Ich meine, wir heutigen Menschen sind in der Gefahr, immer tiefer in das verhärtete, verhärmte, trotzige Schweigen der Ohnmacht vor dem Tod zu kommen. Und so versuchen wir, dem Tod auszuweichen und ihn zu verdrängen. Unsere einseitig auf Leistung hin orientierte Ge-

sellschaft setzt ebenso einseitig und eindeutig auf Jugend und Vitalität. Verjüngung und Jugend, Vitalität — das Leben, festgehalten und gebannt in seinem Höhepunkt, z. B. in der idealen Familie: er, der vitale, erfolgreiche Mann, und sie, die reizend schöne Frau, der kleine Junge und das »süße« Mädchen: diese Bilder und Worte werden für uns zu magischen Bildern und Zauberworten.

Und doch ist uns Heutigen der Tod in einer Art und Weise gegenwärtig, wie es noch nie in der Geschichte der Fall war. Wir begegnen Tag für Tag dem Tod neben uns, dem Tod derer, die von einem überschnellen Lebenstempo dahingerafft werden, dem Tod derer, die durch einen mörderisch gewordenen Straßenverkehr ihr Leben opfern. Fast 20 000 waren es 1970. Die Bilder und die Wirklichkeit des Todes, eines grauenvollen Hingemordetwerdens durch Krieg, durch Wahnideen, durch Hunger, durch Verzweiflung, durch Ungerechtigkeit — dieser Tod kommt durch die Kanäle unserer Massenkommunikation ständig auf uns zu und wird fast allgegenwärtig. Aber mit den Fragen, die mit ihm kommen, werden wir nicht fertig. So verdrängen wir den Tod. Und indem wir den Tod verdrängen, werden wir krank, neurotisch und unmenschlich. Wir vertreiben die Sterbenden in die Einsamkeit des Sterbens, in die Namenlosigkeit und Anonymität, in die Automation unserer Kliniken. Wir wollen nichts damit zu tun haben.

Für viele von uns ist der Tod nichts anderes mehr als ein sinnloses Auslöschen und Verlöschen ohne Hoffnung auf Zukunft. Ein in seiner Nüchternheit und in seiner Hoffnungslosigkeit geradezu faszinierendes und unheimliches Beispiel davon gibt die französische Schriftstellerin Simone de Beauvoir in ihrem Bericht über das Sterben ihrer krebskranken Mutter. Und dieses Verlöschen in seiner Sachlichkeit und in seiner kalten Hoffnungslosigkeit überschreibt sie: »Ein sanfter Tod«. Es ist nichts anderes als ein unmenschlicher, ein banaler Tod. Denn die Frage nach der Zukunft als Frage nach dem Sinn des Sterbens und des Todes läßt den Menschen nicht los; und sie wird um so deutlicher in unserer Hysterie des Wohlstandes, des Vitalitäts- und Jugendkultes. Das weltberühmte Werk des russischen Schriftstellers Alexander Solschenizyn »Krebsstation« stellt keine andere Frage als die: Welches ist der Sinn des Lebens angesichts eines frühzeitigen, sinnlosen, qualvollen Sterbens? Welches ist der Sinn des Lebens angesichts des Todes? Kein Mensch läßt sich davon überzeugen, daß die einzigen entscheidenden Fragen unseres Lebens dem Besitz der Produktionsmittel und der gerechten Verteilung des Sozialproduktes gelten. Die Frage nach dem Sinn unseres Lebens in der Frage nach dem Sinn des Sterbens läßt sich nicht verdrängen.

## 2. Was ist der Tod?

In dem ohnmächtigen Schweigen vor dem Tod sind wir Christen als Glaubende herausgefordert, herausgefordert zu einer Antwort. Der Tod ist ein biologisches Geschehen, ein allgegenwärtiges und allgültiges Lebensgesetz. Den Tod hat es immer gegeben und wird es immer geben, solange menschliches Leben auf dieser Welt besteht. Alles menschliche Leben geht auf diesen Tod zu. Das ist eine nüchterne, rein biologische Feststellung: Zellen sterben ab und regenerieren sich nicht mehr, lebensnotwendige Funktionen hören auf, oder sie werden gewaltsam unterbrochen. Aber der Glaubende fragt tiefer; er fragt nach dem, was darin eigentlich zum Ausdruck kommt, was dahinter steht. Der Glaubende des Alten Testamentes und des Neuen Testamentes gibt jene Antwort — Sie können es nachlesen in der Genesis oder im Römerbrief des Apostels Paulus — er gibt jene Antwort, daß der Tod der letzte Ausdruck der Sünde ist.

## 3. Tod als Folge der Sünde

Was heißt das — Sünde? Es heißt: Der Mensch verschließt sich in sich selbst. Er verweigert sich dem befreienden Angebot Gottes, indem er sich dem Gefälle des Nur-Menschlichen ausliefert. Menschliches Leben, allein auf sich bezogen, ist aber notwendigerweise ein Hingehen auf das Sterben, auf den Tod. Deswegen ist der Tod die Folge der Sünde. Um es in einem Bild auszudrücken: Der Mensch hat um seinen Lebensbereich einen Stacheldrahtverhau gezogen und davor eine Tafel gestellt: »Zutritt für Gott verboten!« Und damit beginnt der Selbstzerstörungsprozeß des Menschen. Ihn beschreibt die Bibel, ihn schreibt unsere Geschichte: den fortwährenden Selbstzerstörungsprozeß des Menschen bis hin in den Tod. Es ist so, als wenn Gott den Menschen sich selbst überließe. Und damit beginnt der Mensch einen Raster des Bösen über die Welt zu legen; er beginnt sich einzumauern und einzuigeln, indem er nur bei sich selbst sein will, indem er mühsam an seinem Leben arbeitet auf Kosten der anderen. Menschliches Leben, aus eigener Kraft gelebt, muß zum Tod führen; führt einmal zum Tod, weil darin der Mensch immer wieder auf Kosten des anderen lebt, und führt zum Tod, weil eigene Kraft das Leben nicht erhalten kann. Es ist fast so, als wäre die Menschheitsgeschichte in diesem wachsenden Selbstzerstörungsprozeß ein großes Arbeits- und Konzentrationslager. Es ist so, als wenn Gott sagte: »Ihr seid euch selbst überlassen«. Und der Mensch, der sich selbst überlassen sein will, kann nichts anderes bauen als Folterkeller, als Gaskammern, als Massengräber; der Mensch gerät in diesem Selbstzerstörungsprozeß hinein in den Tod. Es ist, als legte ein dicker Moderschimmel sich über diese in sich abgeschlossene Welt.

## 4. Die Antwort Gottes

Aber das ist — Gott sei Dank — nicht das letzte Wort Gottes. Er überläßt den Menschen nicht sich selbst; und das heißt, er überläßt ihn nicht dem Tod. Er tritt ein in diesen Selbstzerstörungsprozeß und hält ihn auf; er geht mitten hinein in dieses menschliche Lagerleben, er ist mitten darin. Er stört sich nicht an der Tafel, oder er nimmt sie sogar ernst, diese Tafel: »Zutritt für Gott verboten«; Zutritt haben nur die Menschen: und so kommt er als Mensch in dieses Lager und bricht diese unheimliche, lastende Todesatmosphäre auf.
Vielleicht haben Sie das schon einmal erlebt; es gibt ja solche verschlossenen Situationen, in denen man sich immer mehr selbst fesselt, Situationen, in denen der Haß immer größer wird, Mißverständnisse und Mißtrauen wachsen; die Konkurrenz untereinander wird immer rücksichtsloser. Und dann auf einmal — hoffentlich haben wir auch das erlebt — kommt einer, der das aufbricht, der mitten hineingeht in diese Situation der Selbstverschlossenheit und des Sterbens und sie überwindet.
Jesus Christus ist in unsere Todeszone hineingekommen und hat sie überwunden, indem er unser menschliches Leben zum Tode hin aufnahm und annahm. Er lebte nicht auf Kosten der anderen, nicht in der Selbstverweigerung Gott gegenüber. Menschlichen Haß erwiderte er nicht mit Haß; dort, wo ihm Haß entgegenschlug, setzte er Liebe, wo menschliche Verzweiflung sich selbst auffraß, brachte

er Hoffnung; als man ihn in den Tod stieß, drohte er nicht mit dem Gericht, sondern sprach: »Vater, vergib ihnen, sie wissen nicht, was sie tun« (Lk 23,34). Im Ausgeliefertsein des Sterbens, in der Verlassenheit, die über ihm zusammenbrach, glaubte er an Gott: »Vater, es hat einen Sinn; in deine Hände gebe ich mein Leben und Sterben« (vgl. Lk 23,46).

Das geschieht von Gott her, und damit ist der Tod als letzter Ausdruck der Sünde, der Selbstbehauptung und Selbstzerstörung des Menschen, grundsätzlich gebrochen und überwunden. Das ist die Antwort des Christen auf die Frage nach dem Tod.

## 5. Der Tod als gültige und endgültige Entscheidung

Jeder steht in der Entscheidung, ob er zu dieser Selbsthingabe Jesu, die den Tod entmachtete, im Glauben Ja sagt, oder ob er sich ihr gegenüber im Unglauben verschließt. Diese Entscheidung für oder wider den Glauben an Jesus Christus fälle ich tagtäglich, indem ich mich entweder in der Selbstübergabe an Gott und den Mitmenschen öffne oder in der Selbstverweigerung verschließe. Der Tod selbst wird dann zur letzten und entscheidenden Tat des Glaubens oder des Unglaubens, der Selbstübergabe in der vertrauenden Liebe oder der Selbstverweigerung in der Hoffnungslosigkeit. Im Tod wird so mein Leben des Glaubens oder des Unglaubens, der Liebe oder der Verschlossenheit gültig und endgültig. Im Tod geschieht die Ratifizierung meines Lebens. Gott nimmt die Antwort meines Lebens auf seinen Anruf in Jesus Christus ernst, er läßt sie im Tod endgültig sein. Die Frage nach dem Tod ist die Frage nach meinem Leben vor dem Tod, deren Beantwortung über das Leben nach dem Tod entscheidet.

Gott nimmt das Leben des Menschen ernst, todernst. Das Leben ist kein Glücksspiel, bei dem man soundsoviele Einsätze hätte; wenn man einen Einsatz verspielt, könnte man einen anderen wagen. Man hat nur einen Einsatz, das Leben selbst.

Es ist ungefähr so, wie aus dem England des 16. Jahrhunderts berichtet wird: Heinrich VIII., der sechs Frauen hatte, von denen er zwei hinrichten ließ, stellte einen Heiratsantrag an eine schottische Herzogin. Folgende Antwort erhielt er: »Wenn ich zwei Köpfe hätte, dann würde ich gerne ja sagen. Weil ich aber nur einen Kopf habe, muß ich das Angebot ausschlagen.«

Der Tod spricht vom Ernst meines Lebens, weil das Leben unwiederholbar einmalig ist und im Tod unrevidierbar endgültig wird.

Im Grunde genommen gibt es aber nur zwei Arten zu leben und deswegen auch nur zwei Möglichkeiten des Sterbens. Entweder ich lebe in der Offenheit der Liebe oder in der Verschlossenheit der Selbstverweigerung. Dann aber sterbe ich entweder in der Hoffnung, daß die Liebe den Tod überwindet, oder das Sterben wird zu einem Verlöschen in Hoffnungslosigkeit und Verzweiflung. Vom Menschen her ist der Tod die aussichtsloseste und hoffnungsloseste Situation, für den Glaubenden aber wird der Tod zur letzten Möglichkeit des Glaubens an Gott, an jenen Gott, der nicht den Tod will, sondern das Leben.

### 6. Die Frage nach der Zukunft

Die letzte Frage, die hinter dem Tod steht, ist die nach der Zukunft. Haben wir eine Zukunft? Nicht nur eine vorübergehende, sondern eine immerwährende? Kein Mensch kann ohne Zukunft leben. Als zwischen den beiden Weltkriegen 1938 in Amerika ein Stück von Orson Welles über den Weltuntergang derart unmittelbar und echt gesendet wurde, so daß viele den Ernstfall für gekommen hielten, haben sich Menschen das Leben genommen; um nicht sterben zu müssen, haben sie sich das Leben genommen. Ohne Zukunft kann der Mensch nicht leben. Darum steht hinter dem Tod die Frage nach der Zukunft. Gibt es für mich auch nach dem Tod noch eine Zukunft?

Die Antwort des Glaubens darauf heißt: In der menschlichen Hoffnungs- und Zukunftslosigkeit des Sterbens eröffnet sich für den Glaubenden die Zukunft Gottes als endgültiges Leben. Der Mensch hat eine endgültige, letzte Zukunft, die ihm von Gott her gegeben und geschenkt ist, und diese Zukunft heißt Leben. Ob ich das annehme oder nicht, das macht mein Leben aus, und das wird mein Sterben sein.

Fassen wir zusammen. —

Wie wir sterben? Die umfassende Antwort darauf steht in folgenden zwei johanneischen Texten: »Brüder, wir wissen, daß wir aus dem Tod in das Leben hinübergeschritten sind, weil wir die Brüder lieben; wer nicht liebt, bleibt im Tode« (1 Jo 3,14). Und: »Jesus sagte zu Martha: ›Ich bin die Auferstehung und das Leben. Wer an mich glaubt, wird leben, wenn er auch gestorben ist. Und jeder Lebende, der an mich glaubt, wird in Ewigkeit nicht sterben. Glaubst du das?‹« (Jo 11,24 f).

Die Antwort des Glaubens, den wir bei jeder heiligen Messe bekennen, wenn uns der Leib Christi mit den Worten gereicht wird: Das bin ich, für euch in den Tod gegeben, diese Antwort lautet: Deinen Tod, o Herr, verkünden wir und deine Auferstehung preisen wir, bis du kommst in Herrlichkeit. Die Antwort auf die Frage, wie wir sterben, heißt für uns: Jesus Christus, der Gekreuzigte, lebt. Und wir leben mit ihm und werden mit ihm leben.

Heinz Joachim Müller  Gericht

**Wonach wir gerichtet werden**

Der heute gelesene Bericht des Evangelisten Lukas[1] gehört zu den sogenannten Droh- und Mahnreden Jesu. Was Jesus verkündet, ist Evangelium, das heißt: Frohe Botschaft. Es ist die Botschaft von der Erlösung und unserer Zukunft bei Gott. Aber dieser Botschaft fehlt nicht der ernste Ton. Wer sie ablehnt, wer sich nicht bekehrt, verspielt sein Heil. Das Gleichnis vom Feigenbaum spricht von einer Gnadenfrist. Wenn sie versäumt wird, kommt das Strafgericht.
In unseren Betrachtungen über die Letzten Dinge stehen wir heute vor der Glaubenswahrheit vom Gericht. Es wird sich einmal entscheiden, auf welche Weise unser Leben weitergehen wird. Wir werden gerichtet werden.
Vielleicht haben wir bestimmte Vorstellungen von diesem Gericht, ähnlich den menschlichen Gerichten: Es wird eine Verhandlung vor dem Throne Gottes geben, das große

---

[1] Lk 13,1—9; die Predigt knüpft an die Perikope des dritten Fastensonntags im Lesejahr C an.

Buch unseres Lebens wird aufgeschlagen, Ankläger und Verteidiger werden auftreten. Alles wird zutage gebracht, unsere guten und unsere bösen Taten, unsere Worte, unsere Gedanken. Gott wird alles prüfen und dann sein Urteil fällen: Himmel oder Hölle.

Sicher haben wir noch eine andere Vorstellung vom Gericht: die vom großen Weltgericht, wie es in der Bibel geschildert wird (vgl. Mt 25, 31—46). Wir kennen Gemälde großer Meister, die es dargestellt haben. Vielleicht haben wir das berühmte Weltgericht von Michelangelo in Rom gesehen: Jesus Christus, der die Völker der Welt vor sich versammelt und richtet.

Dies alles sind Versuche, in menschlicher Vorstellung verständlich zu machen, was im letzten ein Geheimnis des Glaubens ist. Wir nehmen es entgegen aus Gottes Wort und aus dem Bekenntnis der Kirche.

Was aber ist mit dieser Aussage des Glaubens gemeint?

## 1. Gericht über die Welt

Es ist damit gemeint, daß wir einmal über unser jetziges Leben zur Rechenschaft gezogen werden. Das geschieht, wenn der Herr wiederkommt. Die Glaubenswahrheit vom Gericht steht in engster Verbindung mit der Wahrheit von der Wiederkunft Christi. Gericht und Wiederkunft des Herrn fallen zusammen.

Daß Jesus wiederkommen wird, gehört zu den Grundlagen unseres Glaubens. Er wird wiederkommen, nicht in Armut und Verborgenheit wie bei seiner menschlichen Geburt, er wird kommen in Macht und Herrlichkeit. So hat er es selbst gesagt (vgl. Mt 24,30; 25,31). Er wird kommen, um sein Werk zu vollenden: die Erlösung der Menschen, die Besiegung des Bösen und die Aufrichtung des Reiches Gottes. Die Wiederkunft Christi fällt zusammen mit der Auferstehung der Menschen und der Neuordnung der Welt.

Die Wiederkunft Christi bedeutet, daß die Geschichte der Menschen und der Welt einem bestimmten Ziele zustrebt. Sie dreht sich nicht im Kreise, in einer endlosen Wiederkehr der Dinge. Sie hat ein Ziel. Dieses Ziel ist kein zufälliges Ereignis. Es ist nicht das Ergebnis blinder Naturkräfte. Es besteht auch nicht nur in dem, was die Menschen aus der Geschichte gemacht haben. Dieses Ziel hat Gott festgesetzt. Gott hat, so können wir sagen, einen Plan gemacht. Es ist ein Plan des Heiles für die Menschen. Er will eine gute Zukunft für sie. Er will ihr Glück. Er will Gemeinschaft mit ihnen für immer. Darin besteht der Himmel, von dem unser Glaube spricht, daß wir für immer bei Gott sein dürfen.

Auf dieses Ziel steuert die Geschichte der Menschen hin. Das ist ihr geheimer Sinn. Wir sind nicht einem zufälligen Schicksal ausgeliefert. Unser Leben ist nicht sinnlos. Es hat einen Sinn, weil es Gott zum Ziele hat.

Es fällt uns oft nicht leicht, daran zu glauben. Wenn Jesus Christus wiederkommt, wird es vor aller Augen offenbar werden. Dann wird der Sinn der Geschichte enthüllt, der Geschichte der Menschheit und der Geschichte eines jeden einzelnen Menschen.

Das ist der Augenblick, da alles Tun der Menschen richtig beurteilt wird. Denn so sehr Gottes Plan die Geschichte bewirkt, so wenig Gottes Plan zunichte gemacht werden kann, so sehr ist die Geschichte auch Ergebnis der Menschen, ihrer guten und schlechten Absichten und Taten. Sie ist Ergebnis der Freiheit der Menschen. Darüber werden sie gerichtet werden.

»Nach ihren Werken« werden sie gerichtet (1 Ptr 1,17). An vielen Stellen der Heiligen Schrift ist davon die Rede.

Jesus spricht vom »Tage des Gerichtes« (Mt 11,22.24). Er schildert es anschaulich als die Scheidung der Guten von den Bösen (vgl. Mt 25,31—46). Er mahnt zur Wachsamkeit, denn niemand kennt den Tag und die Stunde (vgl. Mk 13,33—37). Die Apostel beschwören in ihren Briefen die Christen, sich vorzubereiten auf diesen Tag des Herrn (vgl. z. B. 1 Thess 3,13; 5,23). Es ist sein Tag. Er wird Richter sein; der in Verachtung starb und in Herrlichkeit »kommen wird, zu richten die Lebenden und die Toten«. So sagt es unser Glaube. So bekennen wir.

## 2. Gericht über das Leben

Unser Glaube kennt noch ein anderes Gericht. Es gibt nicht nur das Gericht am Ende dieser Weltzeit, das sogenannte Jüngste Gericht. Es gibt auch das Besondere Gericht, das Gericht über den einzelnen Menschen am Ende seines irdischen Lebens.
Auch hier stehen wir vor einem Geheimnis unseres Glaubens. Wir wissen, daß es dieses Gericht, oder wie immer man es nennen will, gibt. Wir wissen aber nicht, wie es aussehen wird.
Wir dürfen annehmen, daß Gott den Menschen selber sein Leben erkennen läßt. Der Mensch wird klar und untrüglich sehen, was sein Leben vor Gott wert gewesen ist. Hier braucht es keinen Ankläger und keinen Verteidiger. Hier liegt alles offen zutage. Hier gibt es keinen Irrtum und keine Beschönigung. Hier gibt es keine Ungerechtigkeiten. Niemandem wird es deswegen besser ergehen, weil er eine günstigere Veranlagung besaß, weil er bessere Beziehungen hatte oder einfach deswegen, weil er getauft und Glied der Kirche ist. Niemandem wird es

deswegen schlechter ergehen, weil er ohne menschliche Liebe aufgewachsen ist und niemals von der Liebe Gottes erfahren hat. Niemand geht deswegen verloren, weil ihm Kenntnis und Kraft fehlten, eine Situation zu meistern. Keiner wird verurteilt, der zufällig im Zustand der schweren Schuld gestorben ist, obwohl er sonst ein gutes christliches Leben geführt hat. Gott stößt keinen zurück, weil er »Pech gehabt« hat.

So sprechen und so handeln Menschen. Gott ist ganz anders. Gott ist gerecht. Vor ihm zählt das ganze Leben, mit aller Treue und allem Versagen, mit aller Liebe und aller Selbstsucht, mit aller Aufrichtigkeit und aller Verstellung, das Leben, wie es wirklich gewesen ist.

Das bedeutet, daß das Gericht keine bloße Endabrechnung sein wird. Es findet fortwährend schon jetzt statt. Jesus sagt einmal: »Wer nicht glaubt, ist schon gerichtet« (Jo 3,18). Wer ihn ablehnt, zieht sich jetzt schon seine Verurteilung zu. Im Ja und Nein zu ihm wird vorweggenommen, was einmal sein wird. Jede Tat, jedes Wort, jeder Entschluß trägt dazu bei, die Grundrichtung des Menschen zu prägen. Alles geht in sein Leben ein und gibt ihm eine bestimmte Richtung. Wenn nicht etwas Unerwartetes geschieht, wird der Mensch mit dieser Grundeinstellung zu Gott auch sein Leben beschließen. Er hat sich selber festgelegt. Er spricht sich selbst jetzt schon sein Gericht.

Unser Leben ist unser Gericht; unser Tun und Lassen, unsere Absicht und Haltung tragen den Urteilsspruch schon in sich. Es kommt darauf an, wie wir jetzt unser Leben auffassen und es führen: als gläubige Menschen oder als solche, die nur anerkennen, was sie sehen und haben können, als Mitverantwortliche für die Mitmenschen oder als solche, die nur sich selber kennen. Es wird darauf ankommen, was wir jetzt aus unserem Leben machen. Jetzt schon geschieht das Gericht im Glauben oder im Nichtglauben, im Bekenntnis oder im bloßen Mitmachen, im Tun oder im bloßen Reden.

Maßstab für dieses Gericht ist nicht, was die Menschen für richtig halten. Maßstab ist nicht, was sie von uns sagen und wie sie uns einschätzen. Maßstab ist das Wort Gottes, das uns Jesus gebracht hat. Maßstab ist der Glaube. Maßstab ist der Gehorsam gegenüber Gottes Geboten und Anregungen. Maßstab ist die Liebe, wie es Jesus eindrucksvoll in der Schilderung des Weltgerichtes bestätigt hat (vgl. Mt 25,34—46). Maßstab ist nicht der Name »Christ«, sondern das Leben, das wir als Christen geführt haben.

Einmal wird offenbar werden, was unser Leben vor Gott wert gewesen ist, in jenem unerforschbaren Übergang des Menschen in das andere Leben. Gott wird es uns erkennen lassen. Wir selber werden unser Richter sein.

Das Weltgericht wird dadurch nicht sinnlos. Es stellt nicht eine nochmalige Überprüfung des Besonderen Gerichtes dar, etwa mit der Möglichkeit einer Revision. Es ist vielmehr das Offenbarwerden des Zustandes aller Menschen, die gerechte Beurteilung der Geschichte der Menschheit, ihrer Völker und Gemeinschaften, ihrer Gruppen und Gliederungen, ihrer Werke und Gebilde. Es wird das Wirken Gottes und das Mitwirken und Entgegenwirken der Menschen an den Tag bringen. Es wird ein Lobpreis der Gerechtigkeit und Barmherzigkeit Gottes vor aller Welt sein.

## 3. *Wachsamkeit*

Es ist eine ernste Glaubenswahrheit, die Wahrheit vom Gericht. Sie läßt viele Fragen unbeantwortet. Aber was wir wissen müssen, hat Jesus uns gesagt: daß wir es selber in der Hand haben, wie es mit uns weitergeht. Wir entscheiden selber über unser Schicksal.

Jesus mahnt zur Wachsamkeit. Wir sollen immer bereit sein. Der Herr kommt zu einer Stunde, da wir es nicht vermuten (vgl. Mt 24,44). Wachsamkeit meint nicht, daß wir es nur auf einen guten Abschluß anlegen sollen, als komme es nicht so sehr auf das Leben als auf den Augenblick des Todes an. Wachsam sein heißt sein ganzes Leben als wacher Christ führen. Es heißt hinhören auf Gottes Ruf und Einladung; es heißt feststehen im Glauben und in der Liebe; es heißt beharrlich und treu seinen Weg mit Christus gehen.

Frühere Zeiten haben die Wahrheit vom Gericht mit Furcht und Schrecken vernommen. Die Christen sprachen vom »Tag des Zornes und des Schreckens«. Sie fragten sich: Wie werden wir bestehen?

Diese Frage bleibt. Es bleibt die Möglichkeit, daß ein Mensch sein Leben verspielt. Jesus läßt die Möglichkeit offen, daß ein Mensch von Gott verworfen wird.

Aber dieser Gedanke muß ergänzt werden durch einen anderen: daß nämlich er es ist, der unser Leben beurteilen wird; er, der unser Bruder geworden ist; er, der sich für uns in den Tod gegeben hat; er, der auf unserer Seite steht, wenn wir uns ihm gläubig zuwenden. Nicht irgend etwas kommt auf uns zu, kein dunkles Geschick, kein Zufallslos. Nein, er kommt auf uns zu, der uns das Unfaßbare von Gott gesagt hat, daß Gott die Liebe ist; daß Gott nicht verderben, sondern retten will; daß Gott in Herrlichkeit vollenden will, was er in Verborgenheit in uns begonnen hat.

Die ersten Christen haben sich gesehnt nach der Wiederkunft Christi. Sie haben darum gebetet: Komm, Herr, und verweile nicht (vgl. Offb 22,20). Sie standen noch ganz unter dem Eindruck seiner Worte: »Ich gehe hin, euch eine Wohnung zu bereiten, ... ich werde wiederkommen und euch zu mir nehmen, damit auch ihr dort seid, wo ich bin« (Jo 14,2 f). Sie hatten noch seine Worte im Ohr: »Wenn dies alles zu geschehen anfängt, dann richtet euch auf und erhebt euer Haupt, denn eure Erlösung naht sich« (Luk 21,28).

Diese Worte gelten uns nicht weniger als den Christen der ersten Zeit. Sie geben uns kein Recht, uns vor den Aufgaben in diesem Leben zu drücken. Sie besagen nicht, daß es sich nicht lohnt, an der Zukunft dieser Welt mitzubauen. Im Gegenteil: Was wir hier planen und tun, muß bestehen können vor seinem Auge. Es wird eingehen in die neue Welt, wenn es bestehen kann. Aber wir wissen als Christen, daß es kein Paradies auf dieser Welt geben wird. Wir sind verpflichtet, mit aller Kraft daran zu arbeiten, daß alle Menschen menschenwürdig leben können. Aber wir wissen, daß es das Böse und die Sünde gibt, daß die besten Absichten und Unternehmungen immer wieder zunichte gemacht werden. Wir wissen, daß erst bei der Wiederkunft Christi das Böse oder genauer: der Böse endgültig überwunden wird. Und wir wissen, daß wir dazu beitragen sollen durch den Kampf gegen die Sünde.

Wir setzen unsere Hoffnung nicht auf Utopien. Wir vertrauen nicht auf abergläubische Praktiken der Zukunftssicherung. Wir setzen unsere Hoffnung auf den Herrn, auf Jesus Christus. Wir bauen auf sein Wort: »Fürchtet euch nicht! Ich lebe, und auch ihr werdet leben.« »Die Welt sieht mich nicht mehr«, sagt er an derselben Stelle in seinen Abschiedsworten an die Jünger, »ihr aber seht mich« (Jo 14,19). Die Menschen, die nicht an ihn glauben, erkennen ihn nicht. Die aber glauben, sehen ihn. Sie wissen, daß er im Verborgenen da ist. Sie wissen, daß sein

Leben jetzt schon in denen ist, die das Gedächtnis seines Todes feiern und das Mahl empfangen, in dem er sich uns schenkt.

Immer schon hat die Kirche bei der Feier der Eucharistie den Blick in die Zukunft gerichtet. Immer schon hat sie auf den Herrn geschaut, der in dieser Feier gegenwärtig ist unter den Gestalten menschlicher Speise und der in unverhüllter Herrlichkeit kommen wird. Immer schon hat sie gewußt, daß es ein Kommen auch zum Gerichte sein wird. Aber sie weiß, daß es ein Gericht der Gnade sein wird. Darum lebt sie nicht in der Angst vor der Zukunft. Sie ist voll Erwartung und voll Zuversicht.

Darum laßt uns auch in dieser Eucharistiefeier bekennen, daß wir »voll Zuversicht das Kommen unseres Erlösers Jesus Christus erwarten« (Embolismus nach dem Vater Unser).

Winfried Daut  Himmel – Hölle

**Was endgültig sein wird**

Phil 3,17—21   Lk 10,25—37

*1. Frage und Antwort*

Jacques Maritain schreibt in seinem Buch »Der Bauer von der Garonne«, über drei Dinge dürfe ein kluger Prediger heute nicht mehr reden: über das Kreuz, die Heiligkeit und das Jenseits.[1] Er wollte mit dieser zeitkritischen und ironischen Bemerkung Tendenzen der modernen Theologie treffen. Man kann aber durchaus zu Recht einmal von diesen Dingen schweigen. Denn über dem Sprechen vom Jenseits, von dem, was wir gemeinhin Himmel und Hölle nennen, wird man leicht zu einem religiösen Nimmersatt, der mehr Antworten sucht, als der christliche Glaube bereit hat.

Und dennoch wollen wir heute so fragen: Was wird endgültig sein?, weil wir dieser Frage nicht ausweichen kön-

1   München 1969,65.

nen und weil der christliche Glaube in einer zutrauenden Gewißheit antwortet: Gott wird sein, und wir werden sein. »Habt ihr nicht in der Schrift gelesen«, sagt Jesus, »was Gott euch gesagt hat: Ich bin der Gott Abrahams, der Gott Isaaks, der Gott Jakobs. Er ist nicht der Toten, sondern der Lebendigen Gott« (Mt 22,31 f). Ein Gott der Lebenden also, der die Menschen und die Welt liebt. Ein Gott der Lebenden, der das Werk vollenden wird, das er mit uns begonnen hat. Ein Gott der Lebenden, der uns nicht mehr losläßt, seit er in seinem Sohn Jesus Christus sein unverbrüchliches und unwiderrufliches Ja zu uns gesprochen hat. »Wenn Gott für uns ist«, sagt darum Paulus, »wer könnte dann gegen uns sein? Hat er doch seinen eigenen Sohn nicht geschont, sondern ihn für uns alle dahingegeben. Wie sollte er uns mit ihm nicht zugleich alles schenken? Wer wird uns trennen können von der Liebe Christi? Denn davon bin ich überzeugt: Nicht Tod und nicht Leben, nichts Gegenwärtiges und nichts Zukünftiges werden die Macht haben, uns zu trennen von der Liebe Gottes, die in Christus Jesus, unserem Herrn, ist« (Röm 8,31 f. 35.38 f). Liebe Gottes, erschienen in Jesus Christus, das ist das Stichwort, mit dem allein wir über Himmel und Hölle reden können. Nur, wenn wir auf Jesus Christus schauen, können wir es wagen, stammelnd und ahnend von dem zu reden, was sein wird. Nur an Jesus Christus können wir unser Geschick ablesen. »Unser Leben ist mit Christus zusammen verborgen bei Gott« (Kol 3,3). Auch im Tod hält Gott weiter zum Menschen. Wohin der Mensch jetzt auch kommt, dort ist Gott. Himmel also ist unsere Zukunft bei Gott jenseits des Todes, eine Zukunft, die *uns* erst durch die Himmelfahrt Christi eröffnet ist. Himmelfahrt Christi ist nun aber nichts anderes als eine besondere Erscheinung des Auferstandenen, ein besonderes Bild, das deutlich macht: Jesus lebt in der

Herrlichkeit Gottes. Himmelfahrt ist Auferstehung, das Hineingenommensein in die bleibende Herrlichkeit und in das Leben Gottes.

Das ist die Zumutung des christlichen Osterglaubens: Der Herr lebt! Er lebt nicht von uns und unserem Glauben, sondern wir leben von ihm. Nicht wir machen Jesus lebendig, sondern Er macht uns lebendig. Er hat in der Auferstehung sein Kreuz zu einem Siegeszeichen der Hoffnung gemacht. Osterglaube also ist Hoffnung, Hoffnung, weil Christus, der Gestorbene, der Auferstandene ist und der Kommende, in dem und zu dem wir vorwärts gehen.

Hoffnung auf Grund der Auferstehung: Weil in diesem Jesus Christus Gott und Mensch in eins getreten sind, weil in ihm das Wesen Mensch sich mit dem Wesen Gott berührt, darum und dadurch entsteht die Wirklichkeit Himmel. Himmel ist das Leben Jesu Christi. Himmel ist die Zukunft des Menschen und der Menschheit, die wir uns nicht selber machen, sondern die uns in Jesus Christus grundlegend eröffnet und geschenkt ist. Das meint die Bibel, wenn sie sagt: Seine Auferstehung ist unser Leben. Wenn Er auferstanden ist, dann auch wir. Wenn er nicht auferstanden ist, dann auch wir nicht, dann bleibt es dabei, daß der Tod das letzte Wort hat, nichts sonst. (vgl. 1 Kor 15,12—24.) Alles Sehnen und Hoffen des Menschen reicht nicht aus, den Tod zu überwinden. Allein Gottes Lebensmacht vermag den Tod zu überwinden und unser endgültiges Leben zu begründen. Wie Jesus, der im Grabe lag, nicht mehr dort ist, sondern lebt, so werden auch wir in das Leben Gottes hineinverwandelt werden.

## 2. Himmel ist das, was dem Menschen geschenkt wird

### Vollendete Gemeinschaft mit Gott

Gott wird uns nicht zerfließen lassen in einem bewußtlosen Nirwana. Er hat den Menschen nach seinem Bild geschaffen und gibt uns, jedem einzelnen von uns, Leben über den Tod hinaus. Unaussprechlich und unfaßbar ist dieses unser Mitleben des Lebens Gottes. Umfassend und groß übersteigt es unser Vorstellungsvermögen. Jesus spricht darum über diesen Himmel in Bildern, häufig mit dem Bild eines Mahles. Mahl — ein Bild, dessen tiefe Sinnfülle uns heute wohl weitgehend verlorengegangen ist. Mahl heißt Beisammensein in Freude, Frieden und Liebe. Mahl ist Gemeinschaft. Darum hat Jesus mit seinen Jüngern und mit den Zöllnern und Sündern Mahl gehalten, um hinzuweisen auf die heilende Nähe Gottes, der Befreiung von der Sünde schafft und alles vollendet in seinem Reich. Dort sind wir Söhne und Töchter des lebendigen Gottes, Brüder und Schwestern des »Erstgeborenen von den Toten« (Kol 1,18). Darum ist Himmel auch:

### Zusammensein mit dem verklärten Menschensohn

Im Himmel sind wir, die Kirche, für immer bei unserem Herrn. Wie das sein wird, wir wissen es nicht. Paulus, der noch den verherrlichten Herrn gesehen hat, vermag als Äußerstes zu sagen: »Was kein Auge je gesehen und kein Ohr gehört hat und in keines Menschen Herz gedrungen ist, das hat Gott denen bereitet, die ihn lieben« (1 Kor 2,9). Das ist Himmel! »Ich hätte wohl Lust«, schreibt er in einer Stunde schwerer Bedrängnis, »von hier zu scheiden und bei Christus zu sein; und das wäre für mich auch viel besser« (Phil 1,23). Ist diese Auskunft des Paulus nicht ein wenig karg? Himmel sei, was noch kein Auge gesehen, Himmel sei, bei Christus zu sein? Hat nicht jeder den Wunsch, mehr zu wissen: Wie das im himmlischen Leben zugehen wird, was wir denken, fühlen und tun werden — eine Ewigkeit lang? Man kann so ins Uferlose fragen, träumen, spekulieren, um am Ende nur dieses ganz Sichere in der Hand zu haben: Himmel ist — bei Christus sein. Wenn es Paulus genügt hat, dann muß es auch uns Christen heute genügen.

*Verklärung des Menschen und der Welt in einer neuen Schöpfung*

Dem verklärten Wesen des Menschen entspricht auch eine »verklärte« Erde. Gott ist unser Jenseits. In seinem Leben sind wir und unsere Welt geborgen. Das muß uns genügen. Aber darauf dürfen wir auch hoffen, auf die Vollendung unserer Geschichte, unseres Lebens und unserer Welt durch Gott. Das Reich Gottes erstreckt sich auch auf diese Welt. Das Reich Gottes wird die Stadt des Menschen sein — die Bibel schließt in ihrem letzten Buch mit dem Ausblick auf diese Stadt. Freilich, diese »Stadt« bedeutet das Ende unserer Planungen. Sie kommt von Gott her und wird nicht zuerst von uns gebaut (vgl. Offb 21,2). Muß nicht eine solche christliche Zukunftserwartung als eine Utopie erscheinen, als ein Wunsch- und Trugbild gar? Sicherlich: wenn wir die zukünftige Welt wieder nur nach irdischen Maßstäben und menschlichen Vorstellungen entwerfen, dann muß diese Zukunft allerdings utopisch erscheinen. Nur, wenn wir sie ganz Gott überlassen, nur wenn wir es ihm zutrauen, daß er die menschliche

Geschichte vollendet, dann ist unsere Erwartung keine Utopie, sondern begründeter Glaube; begründet nicht in menschlicher Einsicht oder Voraussicht, sondern in der Hoffnung wider alle menschliche Hoffnung auf den Gott, der lebendig macht und Jesus, unseren Herrn, als Erstling einer neuen Schöpfung von den Toten auferweckt hat. Das haben wir in Händen. Alles weitere darüber hinaus ist mit einem Wort Kierkegaards »nicht Erwartung des Ewigen, sondern Aberglaube zum Künftigen«.

## 3. Hölle ist das, was der Mensch sich selbst bereitet

### Hölle auf Erden

Himmel und Hölle nennen wir oft in einem Satz und in einem Atemzug. Dieser einprägsame Stabreim darf uns aber nicht dazu verführen, die Hölle gleichsam als Gegen-Himmel, den Teufel als Gegen-Gott zu denken. In der Weltgeschichte liegen nicht zwei gleichwertige Prinzipien, ein gutes und ein böses, miteinander im Streit. Himmel und Hölle sind unmeßbar voneinander entfernt, weil Himmel etwas ist, was Gott dem Menschen schenkt, Hölle aber etwas, was der Mensch sich selber bereitet.

Die Hölle ist die schlimmste Erfindung des Menschen. Wer die Hölle leugnet, lese Solschenizyns Buch »Der erste Kreis der Hölle«. Die Hölle — das war das Leben in stalinistischen Straflagern. Die Hölle — das war das Leben im letzten Weltkrieg. Die Hölle — das war (fast klingt es schon abgegriffen) Auschwitz und Hiroshima; Dresden, Stalingrad und in unseren Tagen Biafra und Ostpakistan. Die Hölle — das ist eine gescheiterte Ehe. Viele haben den Film gesehen »Wer hat Angst vor Virginia Wolfe?«. Die

Hölle, das ist ein verpfuschtes Leben, wie es der amerikanische Film »Trash« zeigt: menschlicher »Müll« von Rauschgiftsüchtigen. Oder Sartres Theaterstück »Geschlossene Gesellschaft«: die Hölle — das sind die anderen! Es gibt also menschliche Erfahrungen, die so schrecklich sind, daß sie nur mit diesem Wort beschrieben werden können.

*Ewige Hölle?*

Es gibt die Hölle auf dieser Welt; niemand würde das bestreiten wollen. Gibt es aber auch die ewige Hölle? Jesus hat von ihr gesprochen, von einer ewigen Strafe (vgl. Mt 25,46). Ewige Strafe, das ist nicht etwas, was ein rachsüchtiger Gott willkürlich verhängt. Ewige Strafe nennen wir darum auch besser ewige Sünde. Ewige Sünde, in der die kalte Ablehnung Gottes endgültig geworden ist. Gottes Liebe und Güte haben keinen Zugang mehr zu einem solchen Menschen; und doch war auch dieser Mensch für sie geschaffen! Die Sünde hat ihren endgültigen Ausdruck erreicht. Der Mensch ist für immer in das eisige Selbst eingesperrt.

Die Bibel drückt das Entsetzen darüber, daß ein Mensch seinen Lebenssinn so total verfehlen kann, das Entsetzen über diesen »zweiten Tod« (Offb 20,14) mit den Bildern: Finsternis, Zähneknirschen, Heulen und Feuer aus. Natürlich brennt in der Hölle kein Feuer! Diese Bilder wollen den Ernst der Predigt Jesu verdeutlichen und sind keine Jenseitsspekulationen. Jesus gibt uns auch keine Auskunft über die Zahl der Verworfenen. Er fordert uns vielmehr angesichts der Möglichkeit endgültigen Scheiterns auf, den Weg zu gehen, der zum Leben führt. Mit der Hölle droht man auch nicht kleinen Kindern, um sie zum Wohlverhalten zu erziehen. Das ist der beste Weg, sie zu verharmlosen. Die Hölle ist keine Strafe, die Gott verhängt, sondern Folge des vom Menschen selbst zu verantwortenden endgültigen Widerspruchs zu Gott.

*Die Hölle — ein Geheimnis*

Oft meinen wir, die Hölle sei nicht mit der Liebe Gottes in Einklang zu bringen. Mag sich dahinter nicht auch eine naive Vorstellung von einem »lieben« Gott verbergen, der Wunschtraum, Gott könne und dürfe immer nur »lieb« sein? Ist Gott nicht vielmehr der unauflösliche Inbegriff von Güte, Liebe, Barmherzigkeit *und* Wahrhaftigkeit, Heiligkeit und Gerechtigkeit? Gerade diejenigen, die Gottes Liebe am tiefsten erfahren haben, die Heiligen, sie glaubten an sie. Und ein gewiß unverdächtiger Zeuge unserer Tage, Teilhard de Chardin, schreibt: »Mein Gott, keines der Geheimnisse, an die wir glauben müssen, verletzt unsere menschlichen Anschauungen schmerzlicher als das Geheimnis der Verdammung. Je mehr wir Menschen werden, d. h. der Schätze bewußt, die im geringsten Sein verborgen liegen, um so verlorener fühlen wir uns bei dem Gedanken an die Hölle. Ein Zurückfallen in irgendein Nicht-Sein, das könnten wir noch verstehen. Aber eine ewige Nutzlosigkeit und eine ewige Pein! Du, mein Gott, hast mir befohlen, an die Hölle zu glauben. Aber Du hast mir auch verboten, mit absoluter Sicherheit von einem einzigen Menschen anzunehmen, er sei verdammt. Ich werde also hier weder versuchen, die Verdammten zu sehen, noch gewissermaßen zu erfahren, daß es solche gibt. Doch indem ich auf Dein Wort hin die Hölle als ein Bauelement des Universums annehme, werde ich solange beten und betrachten, bis mir dieses fürchterliche Ding als eine bestärkende oder gar beseligende Ergänzung erscheint, die Du mir in Deiner Allgegenwart eröffnet hast.«[2]

Die Hölle ist keine Drohbotschaft. Volksmissionare konnten da früher seltsame Register ziehen. Von der Hölle kann man nur vor dem Hintergrund Gott sprechen. Es ist das Antlitz Gottes, das uns am Ende anschaut. Aber dieser Gott drängt uns unser endgültiges Geschick nicht auf — an unserer Lebensentscheidung vorbei! Das Tun des Menschen ist keine Spielerei, die Gott ihm läßt, ohne ihn ernst zu nehmen. Machen wir darum aus Gott auch keinen Popanz und machen wir uns auch nicht einen eigenen kleinen Götzen zurecht, der immer nur uns selbst bestätigt! Glauben wir an den Gott, der sich uns in Jesus Christus gezeigt hat! In ihm sehen wir die Liebe Gottes bis zum Äußersten. Wir hören aber auch aus Jesu Mund das Wort: »Fürchtet euch nicht vor denen, die den Leib töten können, aber nicht die Macht haben, die Seele zu vernichten. Fürchtet euch vielmehr vor dem, der im Stande ist, beide, Leib und Seele (d. h. gegenwärtiges Leben und ewiges Geschick), in der Hölle zu verderben« (Mt 10,28).


## 4. Das Entscheidende

Die Frage, was *nach* dem Tode ist, hat sich uns unter der Hand gewandelt zu der Frage, was *vor* dem Tode oder

---

[2] P. Teilhard de CHARDIN, Der göttliche Bereich, Olten-Freiburg 1962, 182 f.

richtiger: *im Leben* das Entscheidende ist. Wir können vom ewigen Leben nur sprechen, wenn wir von unserem Leben hier reden. Auch Jesus hat die Frage des Gesetzeslehrers: »Meister, was muß ich getan haben, um dereinst das ewige Leben zu erben?« mit dem Gleichnis vom barmherzigen Samariter beantwortet (Lk 10,25—37) und damit auf unser Leben hier hingewiesen.

Der Mensch ist ganz Erdenbürger und zugleich Erbe ewigen Lebens. Ganz Erdenbürger! Der Himmel ist keine sich aus dieser Welt hinausträumende Phantasie, sondern hebt hier und heute an. Und wenn Himmel ewige Liebe ist, dann zählt für diesen Himmel hier auf Erden auch nur die Liebe. Wir können diese Welt nicht erlösen und sie endgültig zur »Heimat« des Menschen machen, wir können sie aber mit Liebe zum Besseren wenden. Der endgültige Sieg über die Unordnung der Welt ist Gottes, nicht unsere Sache. Das Heute aber ist uns gegeben, und mit dem Heute haben wir es in der Hand, was einmal sein wird.

Im ewigen Leben kommt der ganze Mensch in das Heil, und auch seine, des Menschen, unsere Welt wird heil. Denn die Macht des lebendigen und Leben schaffenden Gottes ist stärker als die Macht des Todes. »Und wenn eine Mutter ihr Kind vergäße, so will doch Ich dich nicht vergessen. Siehe! In meine Hände habe ich dich gezeichnet« (Jes 49,15f). Das letzte Wort hat Gott, der durch sein Wort im Anfang die ganze Schöpfung in das Dasein rief und der am Ende sprechen wird: »Ich mache alles neu« (Offb 21,5).

Als Unterpfand dieser kommenden Herrlichkeit feiern wir Eucharistie. Brot ist da, und Wein ist da — Frucht der Erde und der menschlichen Arbeit. Und Brot und Wein werden uns zurückgegeben als der Leib Christi. Ihn halten wir in unseren Händen: ein Stück Wirklichkeit unserer Welt — umgewandelt in das Leben Gottes und Jesu Christi, »der unseren Leib, unser armes, elendes Menschsein hienieden, verwandeln und seinem Leibe in der strahlenden Herrlichkeit Gottes gleich machen wird« (Phil 3,21).[3]

---

3 Der Vorbereitung dienten: G. K. FRANK, Himmel und Hölle, Stuttgart 1970 = Kleine Reihe zur Bibel 15; F. MUSSNER, Jesu Lehre über das kommende Leben nach den Synoptikern, in: Concilium 6 (1970) 692—695; J. RATZINGR, Einführung in das Christentum, München 1968, 257—264; Ders., Glaube und Zukunft, München 1970 = Kleine Schriften zur Theologie; Glaubensverkündigung für Erwachsene, Freiburg 1970, 515—556. — Da die Predigt in ihrer ursprünglichen Vortragsform belassen wurde, sind gelegentliche wörtliche Übernahmen nicht besonders kenntlich gemacht.

Viktor Hahn            Herrschaft Gottes

**Gott alles in allem**

1 Kor 15,20—28    Jo 16,16—22

Die österliche Bußzeit will uns Gott näher bringen. Solches ist nur möglich, wenn unser glaubendes Bewußtsein um dieses Geheimnis, das wir Gott nennen, lebendiger wird. Darum bemühen wir uns in diesem Jahr durch eine Besinnung auf das, was uns von diesem Gott her noch aussteht, was von Ihm her auf uns zukommt (wie es die erste Predigt vor vier Wochen formuliert hat); wir bemühen uns um einen lebendigen Glauben an Gott durch ein Nachdenken über die »Letzten Dinge« (wie die Theologie dieses noch Ausstehende etwas nüchtern nennt).

Mehr noch als jene Geheimnisse, die durch Gott in Jesus längst gesetzt und geschehen sind, sind uns heute diese Letzten Dinge unvorstellbar und scheinen deshalb auch für uns unannehmbar. Sie passen nicht in unsere Welt, weil sie die Erfahrungen dieser Welt durchbrechen. Und dennoch dürfen wir nicht von ihnen schweigen, weil sie zur Botschaft Jesu gehören und somit frohe Botschaft sind; weil ohne das bekennende Reden von ihnen unser Leben ärmer wäre.

In dieser frohen Botschaft wird der TOD durch die Hineinnahme in den Tod Jesu, der den Tod überwand, zum Leben; in dieser frohen Botschaft wird das GERICHT als endgültige Richtigstellung Heil; in dieser frohen Botschaft ist Platz für den HIMMEL als eine von Gott geschenkte und in ihm bleibend erfahrene Liebe, die für den, der sich ihr verweigert, zur bleibenden Pein der selbstgemachten HÖLLE wird.

Das war die Leitlinie unseres Überlegens in den vergangenen Wochen. Und wir mögen fragen, was es über Tod, Gericht, Himmel und Hölle hinaus noch zu bedenken gäbe; was gemeint sei, wenn wir heute unser Nachdenken unter das Wort stellen: »Gott alles in allem.« Was noch bedacht werden soll, obschon es in all dem Genannten, in Tod, Gericht, Himmel und Hölle, längst mit genannt ist, das ist GOTTES HERRSCHAFT.

Von ihr spricht Jesus, als er nach der Ermordung des Johannes zu predigen beginnt: »Die Zeit ist erfüllt. Gottes Herrschaft ist nahegekommen. Kehret um und glaubt der frohen Botschaft« (Mk 1,15). Und diese Herrschaft Gottes, von Israel geglaubt und erhofft, durch die Propheten immer neu zugesichert und von Jesus als in ihm gekommen angesagt, diese Herrschaft Gottes wollen wir heute bedenken als das Aufbrechen menschlicher Begrenzung, als das auf uns zukommende gute Ende und als Gott einmal alles in allem.

## 1. Das Aufbrechen menschlicher Begrenzung

Entgegen der eigentlich für heute vorgesehenen Leseordnung hörten wir einen Abschnitt aus dem Johannesevangelium, den wir alle kennen, jene Rede des Herrn von der »kleinen Weile«. Früher immer gelesen in der Zeit zwischen Ostern und Himmelfahrt wurde dieses Wort Jesu vom Nicht-mehr-sehen und dann vom Wieder-sehen allzu schnell auf Jesu Entschwinden in der Himmelfahrt bezogen und auf sein Wiederkommen am Ende.[1] Ein Wort, das wir gar nicht so ernst nahmen, weil offensichtlich zwischen diesen beiden Ereignissen gar keine so kleine Weile lag. Aber dieses Wort von der kleinen Weile ist gesprochen vor Jesu Tod, in der Abschiedsrede an seine Freunde; ist Hinweis darauf, daß er ihnen genommen werde, aber nur für eine kurze Zeit: »Ihr werdet weinen und klagen, die Welt aber wird sich freuen; ihr werdet traurig sein, aber euere Traurigkeit wird sich in Freude verwandeln. ... Ihr seid jetzt traurig, aber ich werde euch wiedersehen« (Jo 16,20.22).

Das ist Hinweis auf die Auferstehung, Hinweis auf Jesu Sieg, Hinweis auf die Herrschaft Gottes. Das ist das Aufbrechen menschlicher Begrenzung in der Auferstehung Jesu.

Denn das ist die Herrschaft des Menschen: Jesus töten; die anderen töten; diejenigen beseitigen, welche die Wahrheit sagen; keinen Platz haben für den, der da die Liebe predigt. Das ist die Herrschaft des Menschen und das die Herrschaft der Welt, und das ist ihre Freude: haben wollen und besitzen; mehr haben wollen und an sich reißen. Das ist die Herrschaft des Menschen: sich herausreden, ja behaupten, Gott zu dienen, und dabei

---

[1] Diese Deutung findet sich bereits bei Augustinus, der sie als die »richtigere« der ersten Erklärung folgen läßt, in welcher auch er die »kleine Weile« auf die Zeit zwischen Tod und Auferstehung bezieht. Vgl. In Joannis Evangelium Tractatus CI, 2.6 (PL 35, 1893f. 1895f).

sich selber suchen bis zum Tod des anderen. Das ist die Herrschaft des Menschen: nicht mit sich reden lassen, ja gar nicht zuhören, sondern zuschlagen; betrügen und in den Schmutz ziehen.

Und diese Herrschaft ist zu Ende; die in ihr liegende menschliche Begrenzung ist aufgebrochen durch den Tod und die Auferstehung Jesu. Durch seinen Tod, weil hier *der* Mensch alles aus der Hand gibt, sich verspotten, anspucken und zu Tode quälen läßt aus freien Stücken (»ihr werdet weinen, aber die Welt wird sich freuen«); diese Grenze ist aufgebrochen durch seine Auferstehung, die da deutlich macht: Er lebt, und er hat recht, und das Leben Gottes ist stärker als das todbringende Tun des Menschen (»ich werde euch wiedersehen, dann wird sich euer Herz freuen, und niemand kann euch die Freude nehmen«).

Das ist die Herrschaft Gottes: Aufbrechen der menschlichen Grenze in Jesus und in allen, die mit ihm sterben und durch dieses Sterben ins Leben finden; Aufbrechen der menschlichen Grenze in allen, die dies nicht nur einmal vollzogen haben in der Taufe (vgl. Röm 6,3ff), die es vielmehr täglich vollbringen in einem von Gott gehaltenen Leben: sich wegwerfen wie Er, um damit alles zu gewinnen.

2. *Das gute Ende*

Aber, so mögen wir uns bedrückt und in Redlichkeit fragen, ist das nicht eine Ideologie? Ist das nicht eine nachträglich über unser Leben gesetzte fromme Überschrift, welche die Wirklichkeit nicht trifft, sondern sie allenfalls vernebelt? Nun, Herrschaft Gottes, über die wir heute nachdenken, bedeutet nicht nur Aufbrechen am Anfang, sie meint auch die noch ausstehende Vollendung, das zugesicherte gute Ende.

Denn da ist heute auch die Lesung aus dem ersten Brief des Apostels Paulus an die Christen von Korinth, die ähnlich skeptisch gefragt haben wie wir. Und Paulus sagt dieses eine: Christus ist auferstanden, und das ist erst der Anfang, der in ein gutes Ende führt, denn wie er werden alle auferstehen. Und mit Bildern, die ihm damaliges Denken zur Verfügung hielt, und die auf ein genaues Ausmalen der Zukunft verzichten, schildert Paulus diese Zukunft: Jesus, schon in der Herrlichkeit des Vaters, wird nach und nach die Mächte und Gewalten überwinden, was nichts anderes bedeutet als dieses: er wird die Herrschaft des Bösen in dieser Welt entgültig brechen (vgl. 1 Kor 15,22 ff), wofür die am Ende gebrochene Macht des Todes (vgl. 15,26) das deutlichste Zeichen sein wird.

Das ist die Herrschaft Gottes: Aus dem Aufbruch am Anfang in das gute Ende finden. Eine Herrschaft und ein gutes Ende, das nicht mehr wie bei den großen Propheten Israels[2] beschrieben wird als die eine, unter der Herrschaft Israels und seines Tempels geeinte Heidenwelt (vgl. z. B. Jes 60); eine Herrschaft und ein gutes Ende vielmehr, das die Überwindung des Bösen bringt und ein Leben schenkt, ganz anders als das jetzt noch von uns erfahrene.

Das ist die Herrschaft Gottes: Das gute Ende. Und das ist unser Glaube: Dieses Ende kommt, weil es in Jesus längst begonnen hat. Das ist ein Glaube wider alles Er-

---

2 Vgl. dazu die Theologie des Zionsberges und des Tempels bei Jesaja, Micha, Tritojesaja, Haggai, Sacharja, Maleachi und Jona; dazu Gerhard von RAD, Theologie des Alten Testamentes II[4], München 1965, 162—175. 288—314.

leben, wider alle erfahrene Dummheit und Gemeinheit, wider alle Bedrückung durch Krieg, Krankheit und Leid. Das gute Ende, das nicht ausdrückbar ist in menschlichen Worten, denn wo sonst tut sich Paulus so schwer mit dem Schreiben wie im gleichen Kapitel dieses Briefes an die Korinther, da er wenig später das Leben in der Vollendung beschreibt: verschieden wie die Frucht vom Samen und doch aus ihm erwachsend, verschieden wie Himmel und Erde (vgl. 15,35 - 49). Nicht ausdrückbar in menschlichen Worten, aber eben doch dieses eine: gutes Ende, absoluter Sieg, endgültige Herrschaft Gottes, so daß Paulus in der heutigen Lesung das Bild wagt: »Dann wird sich auch der Sohn selbst Ihm unterstellen, der ihm alles unterworfen hat, damit Gott alles in allem sei« (15,28).


3. *Gott alles in allem*


Das ist die Herrschaft Gottes: Gott alles in allem. Und hier haben wir das Leitwort, das unser Nachdenken heute zusammenfaßt: Gott alles in allem.
Gott alles in allem, das meint die endgültige Überwindung dessen, was wir Sünde nennen. Überwindung des Halben, das wir immer wieder dem Ganzen vorziehen; Überwindung des Vordergründigen, mit dem wir uns immer wieder begnügen, ohne auf den Sinn zu achten; Überwindung des Augenblicklichen, welches wir immer wieder billig gegen das Bleibende tauschen; Überwindung des Scheins, den wir leichter akzeptieren als die Wahrheit. Gott alles in allem, das ist die endgültige Überwindung der Sünde, die da auf halbem Wege stehen bleibt, statt sich nach dem Wollen Gottes jener selbstlosen Entwicklung unterzuordnen, die in die Freiheit und in den

Frieden, in Gerechtigkeit und Liebe führen will. Gott alles in allem, das ist das Ende unserer Dummheit und Aufgeblasenheit, das Ende von Gemeinheit und Brutalität, das Ende von Falschheit und Verrat.

Gott alles in allem, das ist nicht nur die endgültige Überwindung der Sünde, sondern auch des Todes. »Als letzter Feind wird der Tod entmachtet« (15,26), so lasen wir heute bei Paulus, und im letzten Buch der Heiligen Schrift steht gegen Ende das wunderbare Wort: »Gott wird jede Träne von ihrem Auge trocknen, und der Tod wird nicht mehr sein, noch Leid, noch Jammer, noch Mühsal« und »Siehe, ich mache alles neu« (Offb 21,4 f). Wie dieses Neue aussieht, das entzieht sich unserem Wissen, unserem Denken und unserer Vorstellung. Uns muß der Glaube genügen, der Glaube an das von Gott verbürgte Daß, der Glaube an das gute Ende, in welchem auch die Macht des Todes nicht mehr von uns empfunden wird als der hinzunehmende Strich durch unsere Rechnung, der unsere Ohnmacht am eindeutigsten dokumentiert, indem er uns alles nimmt; vielmehr wird der Tod dann zumindest dieses eine sein: das Hineingenommenwerden in das ersehnte Glück einer bleibenden Umarmung Gottes. Menschliche Worte, Tasten nach einer Wirklichkeit und einem Leben, das uns bleibend hält. Menschliches Reden über etwas, das sich unserem Begreifen entzieht, das uns aber zugesichert ist als das gute Ende, das kommen wird und kommen muß, wenn sich nicht Gottes Treue als haltlos erweisen will.

Gott alles in allem, das ist jedoch kein Ausweichen auf dieses Ende, kein billiges Vertröstetwerden auf ein Jenseits, das haben wir uns mit aller Deutlichkeit zu sagen. Gott alles in allem, das ist ein Wort, das jene Wirklichkeit umfaßt und zu beschreiben versucht, über die wir miteinander nachgedacht haben: Gottes Herrschaft. Und diese Herrschaft gibt es schon jetzt. Gott hält alles in Händen nicht erst am Ende, sondern jetzt schon. Gottes Herrschaft ist längst Wirklichkeit in jenem Aufbrechen der menschlichen Grenze und Sünde in Jesus und in allen, die ihm nachfolgen.

Das war das Ziel unserer Besinnung heute: Mit Zuversicht und in festem Glauben sagen dürfen, daß Jesus der Herr ist, und daß sich in Jesus Gott als machtvoll erwies, als Gott alles in allem jetzt schon und einmal über die Maßen.
Nachdenken über die »Letzten Dinge«, über das »was auf uns zukommt«, will uns nicht erschrecken über das »dicke Ende«, das noch aussteht und uns zu verderben droht (es verdirbt nur den, der sich selbst verdirbt); Nachdenken über die Letzten Dinge will uns aber auch nicht beurlauben, ist keine Entschuldigung und kein Vertrösten auf ein gutes Ende. Nachdenken über die Letzten Dinge, das ist das glaubende Bewußtsein von einer guten Zukunft, das wir haben dürfen, weil sie längst begonnen hat, weil Gottes Herrschaft angebrochen ist.
Das ist Glaube an die Herrschaft Gottes: Überzeugt sein, daß es die Liebe jetzt schon gibt, und daß sie grundsätzlich die menschliche Begrenzung aufgebrochen hat in Jesus Christus, der die Macht der Sünde und des Todes durchbrach.
Das ist Glaube an die Herrschaft Gottes: Die Hoffnung haben, daß dieser Aufbruch einmal die ganze Welt wandelt, Sünde und Tod endgültig überwindet in dem guten Ende, auf das wir warten.
Das ist Glaube an die Herrschaft Gottes: Sich eingespannt wissen in diese doppelte Kraft der Liebe, gehalten zwischen der bereits aufgebrochenen Liebe, die uns trägt, und der noch ausstehenden Liebe, die uns lockt. Sich ein-

gespannt wissen und auf den Weg geschickt sehen, aus dieser Spannung heraus die Welt zu verändern, damit Gottes Liebe in ihr immer mehr zum Durchbruch finde, bis einmal wirklich »Gott alles in allem« ist.[3]

3 Als gute Einführung in das Problem der Herrschaft Gottes sei verwiesen auf folgende Artikel (besonders auf die jeweiligen Abschnitte über das NT): P. HOFFMANN, Reich Gottes, in: HthG (dtv), 3, 434—448; P. HÜNERMANN, Reich Gottes, in: Sacramentum Mundi, Bd. IV, 135—150; R. SCHNACKENBURG, Basileia, in LThK[2], Bd. II, 25—31.

Peter Lippert  Hoffnung

**Worauf wir hoffen**

Die Reihe unserer Erwägungen über die sogenannten »Letzten Dinge« soll durch eine Betrachtung über die Hoffnung der Christen abgeschlossen werden. Nun sieht es auf den ersten Blick allerdings so aus, als würde dieses Thema schlecht passen zu der Lesung der Passion, die Sie eben gehört haben.[1] Denn hier war etwas geschehen, das alles andere zu sein schien als etwas Hoffnungsvolles. Hier hatten Menschen auf jemand gebaut, sie hatten sich von ihm etwas erwartet; das alles war nun zu Ende, nun wurde er hingerichtet wie ein Verbrecher. Wenn wirklich nichts anderes zu sagen wäre über Jesus von Nazareth als das, was wir eben gehört haben; wenn danach nicht noch etwas käme, das wir in dieser Woche besonders feiern werden (im Vorblick schon am Karfreitag, besonders aber in der Feier der Osternacht), dann wäre es mit

1 Die Schlußpredigt fiel auf den Palmsonntag. Von hier aus erklären sich die Anspielungen auf den vorher gelesenen Text der Passion und auf die Feiern der Karwoche.

unseren Hoffnungen wohl schlecht bestellt. Wenn es nur dabei bliebe, daß »alle Menschen, die zu diesem Schauspiel herbeigeströmt waren und sahen, was sich ereignet hatte, an die Brust schlugen und zurückkehrten« (vgl. Lk 23,48), dann müßten wir wohl sagen, daß von Hoffen kaum gesprochen werden könnte. Denn wenn wir die Welt anschauen, in der wir leben, dann vergeht uns zunächst einmal doch die Lust und der Mut, von Hoffnung zu reden.

### 1. Hoffnung ist schwer geworden

Man braucht dazu gar kein Pessimist und gar kein Miesmacher zu sein. Man braucht dazu gar nicht weltflüchtig zu sein, um verlegen zu stocken, wenn danach gefragt wird, welche Hoffnungen wir haben. Man braucht nur einmal, und jeden Tag aufs neue, die Zeitung zu lesen oder die Tagesschau zu sehen. Dann sieht man soviel Niederdrückendes, daß man sich wirklich fragt: *können wir überhaupt noch hoffen?*
Da ist, in jedem von uns und im Zusammenleben der Menschen und in der Gesellschaft, jene unglückselige und anscheinend unüberwindliche Kraft, das, was wir nennen könnten: die Gier, die Macht und die Dummheit.
Die Gier: nicht nur im Mißbrauch der Sexualität (dort auch, ganz gewiß); Gier aber auch überall da, wo Menschen haben, raffen und besitzen wollen. Wieviel Leid, wieviel Ärger entsteht aus dieser Gier ... Und die Macht: sie wird nicht nur für Politiker zur Gefahr, sondern schon da, wo einer über zwei, drei andere Menschen Vorgesetzter ist; wo einer Macht hat über Nachbarn, über Kinder. Wie oft wird die Macht mißbraucht, und wieviel Zorn, wieviel Haß entsteht aus dem Mißbrauch der Macht ...

Schließlich ist da die Dummheit: vielleicht machen wir uns nicht oft genug klar, wie gefährlich Dummheit sein kann. Es ist schon mehr als ein Krieg geführt worden wegen der Dummheit der Menschen. Es sind mehr als Zehntausende von Menschen verstümmelt und getötet worden wegen der Dummheit. Diese Dummheit wird nicht geringer trotz vieler Bemühungen um Erziehung und Bildung. Wir müssen es wohl gerade in unseren Jahren und in diesen Tagen beobachten, wie sich eine neue Welle der Dummheit ausbreitet, einer gefährlichen Dummheit. Wir sehen als Augenzeugen, wie die Kritik an unserer Gesellschaft, im Ansatz berechtigt, sich an sich selbst erfreut und zur öden Besessenheit wird; wie Menschen anfangen zu zerstören, ohne etwas Neues dafür in Sicht zu bringen; wie gerade die junge Generation, die meint, so kritisch zu sein, oft solchen Stimmen kritiklos nachläuft und sich in ihre Einseitigkeiten hineinsteigert. Und wir sehen als Augenzeugen, wie die ältere Generation offensichtlich ihrerseits nicht in der Lage ist, den jungen Menschen Orientierung zu geben; wie auch sie sich borniert und einseitig verhält, nur von der anderen Seite her. Wir sehen mit an, wie wir auch in der Kirche oftmals nicht in der Lage sind, den Glauben so darzulegen, daß er glaub-würdig erscheint; wie auch hier sich das Auseinanderleben einstellt und die Teilung in solche, die am liebsten alles einreißen möchten, und solche, die die Zeichen der Zeit überhaupt nicht verstehen. Dummheit, sie ist eine Wirklichkeit, eine gefährliche Wirklichkeit. Gier, Macht und Dummheit, sie bleiben die großen Bedrohungen, wo sollte man da noch viel Hoffnung hernehmen?

Wenn wir den Blick von der Gegenwart zurückwenden in die letzten Jahre hinein, dann verdichtet sich der Eindruck des Niederdrückenden noch einmal: Um den Anfang der sechziger Jahre ging so etwas wie Hoffnung durch die Völker. Da gab es Papst Johannes XXIII., da gab es, trotz seiner Fehler, den Politiker, auf den sich viele Hoffnungen richteten, Präsident Kennedy; da gab es in Amerika die Bürgerrechtsbewegung, die hoffte, durch Gewaltlosigkeit das Unrecht zu besiegen; da hat man gesungen »we shall overcome«, wir werden es überwinden, wir werden eines Tages Hand in Hand gehen; wir werden in Frieden leben. Und was ist aus diesen Hoffnungen geworden? Papst Johannes ist sehr bald schon gestorben; der eine Kennedy ermordet, der andere, sein Bruder, auch; Martin Luther King auch, und aus der Gewaltlosigkeit wurde die Gewalt auf seiten der Schwarzen und der Weißen.

Und wenn wir in unser eigenes Land hineinblicken, haben wir eigentlich nicht viel mehr Grund, die Dinge in rosa Farbtönen zu sehen. Dann stellen wir nämlich fest, daß die Zahl der Unfalltoten jedes Jahr steigt, daß die Kriminalität zunimmt, daß das gegenseitige Mißverstehen sich vertieft. Nein, mit den Gründen zur Hoffnung ist es wahrhaftig nicht sehr weit her.


## 2. *Mutlosigkeit, Ausflucht und blinder Heroismus*

Und nun kann man darauf verschieden reagieren. Man kann einmal sagen, es sei alles halb so schlimm, und: ich will's nun einmal nehmen, wie's kommt, und möglichst von der leichten Seite: ich will den Kopf einziehen und hoffen, daß das Gewitter anderswo niedergeht und der Blitz dort einschlägt, wo ich gerade nicht bin. Man kann eine solche Haltung haben; ob das auf die Dauer eine sehr menschliche und menschenwürdige Haltung ist, das ist natürlich die Frage, und vielleicht ist diese Frage schon mit Nein beantwortet. Oder man kann sagen: also gut, man sieht ja, es gibt keine Hoffnung. Es gibt sie deshalb nicht, weil diese Erde, diese Menschheit ein Spiel des blinden Zufalls ist; es hat keinen Sinn, nach einer Hoffnung auszuschauen, deswegen leben wir dann auch so, als ob es keine Hoffnung gäbe; dann wird freilich Recht und Unrecht schnell gleichbedeutend, die Unterschiede zwischen Gewalt und Gewaltlosigkeit, zwischen Beherrschtheit und Zügellosigkeit verblassen und verschwinden in einem öden Grau in Grau; dann läuft alles auf das Gesetz des Stärkeren hinaus und auf die Parole: »Rette sich, gleichgültig mit welchen Mitteln, jeder, so gut er kann«. Aber wird man ein solches Leben im Ernst als sinnvoll, als anlockend betrachten wollen?

Daneben gibt es Menschen, die Verantwortung in sich spüren; sie meinen zwar im letzten auch, das Ganze habe keinen Sinn; aber sie wollen wenigstens da, wo sie stehen, Frieden schaffen, Leiden lindern; es sind Menschen, die einen letzten Sinn nicht sehen, aber konkret etwas tun, damit es besser wird. Vor solchen Menschen müssen wir sehr viel Hochachtung haben; und doch: bei näherem Nachdenken wollen sie eigentlich das Gute gegen bessere Einsicht. Denn wenn das Ganze keinen Sinn hat, dann hat auch das Einzelne keinen Sinn: die Menschheit ist dann ohne Ziel, Generation um Generation hineingeschaufelt in einen großen Abgrund, in dem nichts mehr ist; dann hat es, streng genommen, auch keinen Sinn, sich zu bemühen, damit das Leben menschlicher wird. Am Ende stehen wir so noch vor der letzten großen Fragestellung, vor der Frage nach dem Sinn und nach der Hoffnung angesichts des Todes.

Gewiß, vielleicht haben die Prediger früher den Tod zuviel »benutzt«, um den Zuhörern einen »heiligen Schrecken« einzujagen. Aber heute stehen wir in der andern Gefahr, den Tod zu verdrängen. Der Tod stellt uns jedenfalls als letzter die Frage, ob wir hoffen können oder nicht. Denn wenn mit dem Tod alles aus ist, dann hat all unser Bemühen wirklich keinen Sinn. Dann ist alles Bemühen, das Leben menschlicher zu machen, nichts anderes, als daß man in der Todeszelle, in der man sitzt, ein wenig die Möbel auspolstert. Und mehr oder weniger möblierte Todeszelle, bequem oder nicht, wäre das nicht im letzten dasselbe?

## 3. Glauben und Hoffen

Dann aber gäbe es noch die Möglichkeit, an die der Christ glaubt. Denn er glaubt tatsächlich, daß es Grund zur Hoffnung gibt. Und der Inbegriff seiner Hoffnung liegt in der Überzeugung, daß mit diesem Jesus von Nazareth *nicht* alles aus war. Der Christ erinnert sich an jene hoffende Sehnsucht, wie sie in dem Zeugnis des Alten Testamentes zum Ausdruck kommt, wenn dort der Glaubende singt: »denn du läßt ihn im Grabe nicht, und du läßt deinen Heiligen die Verwesung nicht schauen« (Ps 16,10). Der Christ ist überzeugt, daß dies bei *einem*, bei Jesus von Nazareth, schon angefangen hat. Wenn das wahr ist, aber auch nur dann, dann wird alles anders, dann bekommt alles einen neuen Ort. Dann wird es auch sinnvoll, die Hoffnungen auch dieser Erde, so bedroht sie sind, neu ins Auge zu fassen und daran mitzuarbeiten, daß sie wahr werden.

Der Christ ist, weil er auf das ewige Leben hofft, *nicht* einer, der die Hoffnungen dieser Welt gleichgültig verachtet; vielmehr, *weil* wir als Christen überzeugt sind, daß da etwas bleibt, daß da im Tode nicht alles aus ist, daß das weitergeht, im Gegenteil: daß sich das vollendet — gerade darum hat es Sinn, schon jetzt mit der Hoffnung zu beginnen, nicht nur auch in dieser Welt zu hoffen, sondern an solcher Hoffnung tätig mitzuwirken. Nun hat es einen Sinn, hoffend mitzuwirken daran, daß die materiellen Güter den Menschen nicht zur Gier und zur Ausbeutung führen, sondern zu gegenseitigem Verständnis und zu Gemeinschaft. Nun hat es einen Sinn, zu hoffen, daß die Dummheit doch wieder, wenigstens teilweise, besiegt werden kann durch errungene Vernunft und eine wirklich kritische Haltung; nun hat es einen Sinn, zu hoffen, die Macht unter Menschen werde ihrem Zusammenleben dienen, statt es zu zerstören. So hofft der Christ, daß all das, was uns jetzt bedroht, nicht die Oberhand über uns behält: die Gier, die Macht, die Dummheit; anders ausgedrückt: die Waffen, die wir uns gebaut haben, der Hunger, der die Menschheit quält, der Industrieabfall, mit dem wir unsere Umwelt verschmutzen. Christen werden sagen: weil es die Grundhoffnung gibt, darum ist auch in dieser Welt stückweise Hoffnung zu verwirklichen, darum müssen wir uns einsetzen, und darum werden wir als Christen mit allen, die wirklich lauteren Herzens sind, ein ganz großes Stück des Weges mitgehen; wir werden allerdings, und so müßte man wohl den Unterschied sehen, radikaler hoffen als jene, die nur auf diese Welt ihre Hoffnung setzen: weil wir nämlich der Überzeugung sind, daß alles dennoch ein gutes und ein dauerndes Ende finden soll, ein Ende, das wirklich nur der Anfang ist und doch das Kostbarste dieses irdischen Lebens in sich weiterträgt. Dieses Ende, dieses unvergängliche Leben war schon Gegenstand der bisherigen Predigten. Wir haben jene Erwägungen nicht zu wiederholen. Aber wir sollten uns klar darüber sein, daß das ein Anruf ist, daran zu glauben und darauf zu hoffen (und nicht bloß darüber nachzudenken). Die kommenden Tage der Kar- und Osterfeier werden uns das auf neue Weise nahebringen können. Um die Entscheidung kommen wir auch nicht herum; wir könnten zwar versuchen, uns daran vorbeizuschwindeln, aber auch das wäre eine Entscheidung, und auf die Dauer geht das sowieso kaum, weil die Fragen uns einfach von unserem Leben gestellt werden. So geht es um die Entscheidung: entweder die Resignation, die Mutlosigkeit, die nicht zu hoffen wagt, oder aber die christliche Hoffnung; immer wieder werden wir diese Entscheidung zu fällen haben. Wenn wir auf Christus schauen, dann haben wir heute gehört, wie es mit ihm zu Ende ging. Wir wissen aus anderen Passionsberichten, daß er Angst gehabt hat; es werden sogar Worte berichtet, die in seinem Munde fürchterliche Worte sind: »Mein Gott, mein Gott, warum hast du mich verlassen« (Mk 15,34). Trotzdem war es nicht das Ende, und noch der Psalm, das Lied, aus dem jene trostlosen Worte stammen, ist ein Psalm und Lied der Hoffnung; es bekennt nach dem Aufschrei der Verlassenheit voll Vertrauen: »Ich will deinen Namen meinen Brüdern verkünden, inmitten der Gemeinde dich preisen, ... denn er hat nicht verachtet, nicht verabscheut das Elend des Armen. Er verbirgt sein Antlitz nicht vor ihm; er hat auf sein Schreien gehört ... Vom Herrn wird man erzählen dem Geschlecht der Kommenden, seine Heilstat wird man künden dem künftigen Volk; denn er hat das Werk getan« (Ps 22).

Zuversicht also und Glaube inmitten der harten Tatsachen, die eigentlich alles andere als Hoffnung und Zuversicht nach sich ziehen könnten. Werden wir es fertigbringen? Werden wir als glaubende und hoffende Menschen durch unser Leben gehen? Es könnte sich für uns und für die Welt, in der wir leben, eine Menge, es könnte sich Entscheidendes ändern. Es könnte sich alles daran entscheiden. Gehen wir jedenfalls auf unsere Hoffnung zu. Auf die Hoffnung des Christen, die wir am Ende unserer Überlegungen vielleicht (mit den Worten eines Theologen unserer Zeit) so zusammenfassen könnten: »Im Licht und in der Kraft Jesu können wir in der Welt von heute wahrhaft menschlich leben, handeln, leiden und sterben: weil durch und durch gehalten von Gott, bis zum Letzten engagiert für den Menschen... Im Licht und in der Kraft Jesu können wir in der Welt von heute Gott anrufen als unseren Vater: das Geheimnis der Liebe, die alle Menschen erhält, den Schuldigen die Schuld erläßt und sich am Ende über Sünde und Tod als siegreich erweist.«[2] Geheimnis der Liebe, die sich am Ende als siegreich erweist: auch über unsere Sünde, auch über unseren Tod.

---

2 H. KÜNG, Was ist die christliche Botschaft, in: Die Zukunft der Kirche. Berichtband des Concilium-Kongresses, Einsiedeln-Mainz 1971, 78—85, hier 84f.

# Die Autoren

P. WINFRIED DAUT CSsR (geb. 1942), z. Zt. Studium der Kirchengeschichte; 5202 Hennef (Sieg) 1, Klosterstraße.

P. ALBERT FRIES CSsR (geb. 1906), Dr. theol., Professor für Dogmatische Theologie an der Phil.-Theol. Ordenshochschule der Redemptoristen, 5202 Hennef (Sieg) 1.

P. VIKTOR HAHN CSsR (geb. 1931), Dr. theol., Professor für Dogmatische Theologie und Fundamentaltheologie an der Phil.-Theol. Ordenshochschule der Redemptoristen, 5202 Hennef (Sieg) 1.

P. KLEMENS JOCKWIG CSsR (geb. 1936), Dr. theol., Professor für Homiletik, Katechetik, Pädagogik und Sprecherziehung an der Phil.-Theol. Ordenshochschule der Redemptoristen, 5202 Hennef (Sieg) 1.

P. PETER LIPPERT CSsR (geb. 1930), Dr. theol., Professor für Moraltheologie, Pastoraltheologie und Theologie der Spiritualität an der Phil.-Theol. Ordenshochschule der Redemptoristen, 5202 Hennef (Sieg) 1.

P. HEINZ JOACHIM MÜLLER CSsR (geb. 1921), Dr. theol., Professor für Moral- und Pastoraltheologie an der Phil.-Theol. Ordenshochschule der Redemptoristen, 5202 Hennef (Sieg) 1.

**Ich glaube und bekenne**

*Ansprachen zum Apostolischen Glaubensbekenntnis.*
*Herausgegeben von Viktor Hahn und Michael Kratz.*
*Mit Beiträgen von Giuseppe Chierego, Winfried Daut, Albert Fries, Viktor Hahn, Klemens Jockwig, Michael Kratz und Heinz-Joachim Müller.*
*144 Seiten, Paperback, DM 9,80.*
*Reihe OFFENE GEMEINDE Band 11*

Dieser neue Predigtzyklus entspricht einem echten Bedürfnis: neben der sonntäglichen Homilie einmal in geordneter und relativ geschlossener Weise eine umfassende Verkündigung zu versuchen, um so in dieser Zeit der Neuorientierung und der damit gegebenen Unsicherheit Wegweisung und Hilfe zu bieten.

Als Thema einer solchen Predigtreihe bot sich das Apostolische Glaubensbekenntnis als Kurzformel des christlichen Glaubens geradezu an. Seine Auslegung will trotz der Verschiedenartigkeit der einzelnen Beiträge eine sachliche Hilfe sowohl für den Prediger als auch für alle sein, die eine ernste Glaubensinformation suchen. Zudem können diese Ansprachen vielleicht gerade wegen ihrer lebendigen Verschiedenartigkeit zu der beglückenden Erfahrung verhelfen, daß der Christ dem gemeinsamen und überlieferten Glauben, wie er im Apostolischen Glaubensbekenntnis formuliert ist, leben und dienen kann, auch wenn er nicht mehr genau die *gleiche Sprache* spricht.


**Diener des Wortes**

*Wege zur schriftgemäßen Verkündigung in Predigt und Katechese.*
*Von Josef Milla.*
*96 Seiten, Paperback, DM 14,80.*
*Reihe OFFENE GEMEINDE Band 5*

»Die heutige Predigt muß den Verstand und das Gewissen des modernen Menschen erreichen. Der Autor räumt die alten Reibungsflächen zwischen moderner Exegese und Praxis aus. Er gibt Handreichungen dafür, vom biblischen Vokabular wegzukommen, das heute zum großen Teil doch nicht mehr verstanden wird, um es in die Sprache des heutigen Menschen zu übersetzen. Dem Priester, dem es um eine zeitnahe Verkündigung in Predigt und Katechese geht, gibt Josef Milla mit diesem Buch eine wertvolle Hilfe, die man unbedingt in Anspruch nehmen sollte.« *Lebendiges Zeugnis*, Paderborn

---

LAHN-VERLAG · 625 LIMBURG

## Was bleibt vom Worte Gottes

*Glaubensverkündigung in neuer Sprache.*
*Herausgegeben von Felix Schlösser, mit Beiträgen von Hans-Dieter Bastian, Ludwig Bertsch, Werner Betz, Josef Blank, Kurt Frör, Friedrich Hahn, Vilma Sturm.*
*190 Seiten, Paperback, DM 15,80.*
*Reihe OFFENE GEMEINDE Band 6*

»Dieses Buch greift die Misere unserer religiösen Sprache auf, die Inflation der frommen Worte: ein Buch, das dem Christen hilft zu verstehen, warum ihm so viele Predigten Unbehagen machen. Es gibt einen Einblick, was moderne Bibelforschung treibt und warum die religiöse Sprache eine Sprache des Hohlraums zu werden droht. Pfarrgemeinderäte sollten es lesen; es liefert ihnen Kriterien, untereinander nicht nur über die Kirchturmreparatur, sondern auch mit ihrem Pfarrer über die Predigt zu reden. Noch besser: man schenke das Buch seinem Pfarrer. Eine ›kritische‹ Predigt bietet den Anlaß.«
*Zweites Deutsches Fernsehen*

## Den Glauben wagen

*Zum Glaubensverständnis heute.*
*Herausgegeben von Felix Schlösser, mit Beiträgen von J. Meurers, P. Lippert, H. Fries, L. Scheffczyk, W. Holler, G. Dautzenberg, B. Dreher. 2. Auflage, 192 Seiten, Paperback, DM 9,80.*
*Reihe OFFENE GEMEINDE Band 3*

»Glaube und Glaubensbekenntnis bilden gegenwärtig eines der großen theologischen Gesprächsthemen. Die Gemeindepastoral wird zur Pastoral des Glaubens. Im Wissen um diese Aufgaben enthält der Band wirklich vorzügliche, gedrängte Beiträge zum Thema.«
*Schweizerische Kirchenzeitung*, Luzern

## Die Kirche und die Fernstehenden

*Von Ferdinand Krenzer.*
*144 Seiten, Paperback, DM 12,80.*
*Reihe WERDENDE WELT Band 8*

»Nachdem der Autor kurz die Situation der einzelnen Gruppen der Fernstehenden (Atheisten, suchende Ungläubige, Gleichgültige, Abgefallene, strukturell Abständige, Saisonkatholiken, Phasenabständige und Milieukatholiken) skizziert, geht er den Gründen für ihre Vorbehalte gegenüber Glaube und Kirche nach. Wenn wir von einem pastoralen Buch meinen, jeder Seelsorger müsse es beherzigen, dann gilt das von diesem.«
*Klerusblatt*, München

---

LAHN-VERLAG · 625 LIMBURG